THREAD

만드는 사람

CEO 이연대
특징
메타세쿼이아 나무지만
출근 시면 씨앗으로 몸을 숨김

CCO 신아람
특징
위급할 때 직각표기에서 빛이 남

Senior Editor 이현구
특징
집과 헬스장과 회사를 잇는
땅굴 보유 중

Editor 이다혜
특징
에에 라고 외치면
반경 1km까지 들림

Editor 김혜림
특징
고민할 때 수염을 쓰다듬지만
수염이 없음

Editor 정원진
특징
수년 전 거로 날 수 있는 방법을
터득했지만 비밀을 숨기고 있다

Lead Designer 김지연
특징
백화점 화장실을 좋아함
_ 표지 디자인 및 만화

Designer 권순문
특징
술을 마시면 끝까지 가는 타입
(주량: 와인 한잔)_ 내지 디자인

Operating Mgr 김민형
특징
셀프사진관에서 자주 출몰함

Community Mgr 홍성주
특징
가시로 오해 받지만 사실은 털

Editor 백승민
특징
평소엔 눈을 감고 있다가
흥미로울 때만 눈을 뜸

Community Mgr 구성우
특징
호시탐탐 이야기할 기회를 노림

Community Mgr 권대현
특징
카페가 너무 좋아 사람으로 둔갑해
산에서 내려옴

《스레드》는 북저널리즘 팀이 만드는
종이 뉴스 잡지입니다.
이달에 꼭 알아야 할 비즈니스,
라이프스타일, 글로벌 이슈의 맥락을
해설합니다.

THREAD ISSUE 12. MONEY

발행일 2023년 5월 1일
등록번호 서울중, 라00778
발행처 ㈜스리체어스
주소 서울시 중구 한강대로 416 13층
홈페이지 www.bookjournalism.com
전화 02 396 6266
이메일 thread@bookjournalism.com

THREAD

목차

 생기가 흐르는 5월입니다. 《스레드》 12호를 찾아주신 여러분 환영합니다. 이번 호에는 어떤 이야기들이 우리를 기다리고 있을까요?

> 화폐의 역사를 그렸어요. 저는 금화가 제일 좋아요. 세밀하게 조각된 점도 마음에 들어요. 그 시대에 태어났다면 반짝거려서 계속 쳐다봤을 것 같아요. 숫자가 없는 화폐라니~! 로맨틱해~!

 돈으로 살 수 없는 것 _ 13p
돈에 관해 잘 알아야 합니다. 그리고 그 돈을 움직이는 세계의 법칙에 관해서도 잘 알아야 하겠죠. 이 세계를 알면 알수록, 돈으로 거의 모든 것을 살 수 있다는 것을 깨닫게 됩니다. 성공도, 혁신도, 착한 마음도 적절한 가격을 지불해야 얻을 수 있으니까요. 그렇습니다. 모든 것은 돈의 문제입니다.

> 테슬라도, 삼성전자도 돈의 힘을 잘 알고 있기 때문에 성공했다던데? 그 비결이 이달의 이야기에 숨어있어요!

> 행복도 돈으로 사는 시대잖아요. 지금 돈으로 살 수 없는 것이 있다면…? 힌트는 이번 달 롱리드, 〈비움은 사랑이다〉에 있답니다!

북저널리즘 explained는 세계를 해설합니다. 조각난 뉴스가 아닌 완전한 스토리를 지향해요. 이슈마다 깊이 있는 오디오도 제공합니다. 입체적인 콘텐츠 경험을 통해 지금의 이슈를 감각하고 해석해 보세요. 철저한 선택과 정제를 거친 explained, 일곱 가지 주제를 소개해 드립니다.

우리나라가 행복하지 않은 이유 _ 22p

3월 20일은 유엔이 지정한 국제 행복의 날입니다. 행복은 측정할 수 있을까요? 측정할 수 있다면 기준은 무엇일까요? 유엔이 매년 발간하는 세계행복보고서를 보면 알 수 있을지도요. 전쟁 중인 우크라이나는 러시아보다 행복지수 순위는 낮았지만, 자비심 항목이 높았습니다. 행복지수 순위에서 우리나라는 인도네시아보다 앞서지만, 관용 항목에서는 뒤처집니다. 자비심과 관용 모두 함께 사는 삶을 위해 필요한 조건이죠. 행복의 비결은 여기 있습니다.

 ↳ 의미 있는 삶이란 나를 넘어선 무언가와 연결되는 것이라던 미국 심리학자 에밀리 에스파하니 스미스의 말이 떠올라요!

육식에 얽힌 인류의 책임 _ 28p

1만 년 전 원시 인류가 사냥했던 매머드가 2023년, 다시 식탁 위에 올랐습니다. 호주의 배양육 스타트업 '바우(Vow)'가 매머드 DNA로 만든 세포 배양육 미트볼을 공개했거든요. 판매용은 아니고, 배양육에 대한 관심을 불러 일으키기 위한 퍼포먼스였지만요. 육류 소비를 줄이기 위해 인류는 고군분투하고 있습니다. 다가올 미래인 배양육, 언제쯤 우리 식탁에 올라올 수 있을까요? 배양육이 출시되면 우리는 기후 중립적인 식사를 할 수 있을까요?

 ↳ 진정한 미식가라면 음식뿐만 아니라 음식을 둘러싼 맥락에
대해서도 생각해 봐야겠죠!

↳ 기후 위기로 멸종한 매머드로 기후 문제를 환기시키다니,
낯설고 재밌어요.

챗GPT는 암 치료제를 개발할 수 있을까? _34p

핫하다 핫해, 챗GPT가 다양한 분야에 덧붙고 있습니다. 노션에도,
슬랙에도, 심지어 토스에도 챗GPT가 결합돼 우리 삶을 더 편리하게
만들어 주고 있어요. 생성형 AI는 몇 가지 번거로운 절차를 대신해
주고 있지요. 가끔은 재미있는 장난감도 돼 주고 있고요. 하지만, 정말
이 엄청난 성능의 AI를 이렇게만 쓰는 건 아까워요. 수만 번 실행된
암 치료에 대한 임상 시험 정보를 생성형 AI에게 학습시키면 어떻게
될까요? 챗GPT가 이메일만 써 주는 게 아니라, 암 치료제 개발이
가능한 조건을 생성해 줄 수도 있을 것 같아요. AI가 암 치료제를
개발하는 시대, 어떻게 만들어 낼 수 있을까요?

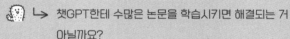 ↳ 챗GPT한테 수많은 논문을 학습시키면 해결되는 거
아닐까요?

↳ AI가 논문을 읽을 수 없는 이유가 꽤 많아요. 논문의
생김새부터 파일 형태까지 다양한 장벽이 AI 앞을
가로막고 있답니다.

구글의 새 라이벌, 엔비디아 _ 40p

구글이 자신들이 인공지능 학습에 쓰는 슈퍼컴퓨터를 공개했습니다. 속도나 전력 효율이 엔비디아 것보다 좋다고 성능을 과시했는데요, 엥? 구글이 원래 컴퓨터 만드는 회사였나요? 인공지능을 학생이라고 치면 슈퍼컴퓨터는 인공지능의 학원과 같습니다. 그리고 여기엔 무수한 인공지능용 반도체가 탑재되죠. 인공지능 열풍이 하드웨어로, 반도체로 확산하는 이 상황, 함께 짚어 볼까요?

> ↳ 역시 인공지능도 장비빨이 중요한 건가요?
> ↳ 구글은 슈퍼컴퓨터를 넘어선 양자컴퓨터 상용화도 시도하고 있어요.

네이버를 이긴 쿠팡의 유통 전략 _ 46p

최근 유통 업계에는 엄청난 지각 변동이 있었습니다. 이커머스의 3강 구도가 네이버와 쿠팡의 양강 구도로 정리됐고 1위의 자리를 쿠팡이 차지했죠. 쿠팡하면 '로켓 배송'이 먼저 떠오르실 텐데요, 쿠팡은 이를 일반 판매자에게까지 확대하며 시장 공략에 나서고 있습니다. 쿠팡은 어떻게 값싸고 빠른 서비스를 확장할 수 있었을까요? 혹시 이면에 누군가 그 값을 대신 치르고 있던 것은 아닐까요?

> ↳ 쿠팡의 확장세가 무섭긴 해요. 흑자 전환도 했고요.
> ↳ 아마존이 들어오면 쿠팡의 상대가 될까요?

알리바바 기업 분할의 함의 _ 52p

알리익스프레스 써보셨나요? 배우 마동석이 광고하는 바로 그 해외 직구

플랫폼이요. 우리나라 시장에 1000억 원을 투자하겠다는 계획을 밝히면서 관심을 모으기도 했죠. 알리익스프레스가 속해 있는 알리바바 그룹이 사업 부문을 6개로 나눕니다. 창업자 마윈이 중국 당국을 공개 비판하고 해외에 머물다 돌아온 지 하루 만에 나온 발표라고 하는데요. 중국 당국의 승리라는 분석이 있지만, 결과적으로 알리바바에도 호재라고 해요. 알리바바에 얽힌 이야기, 같이 알아 볼까요?

 ↳ 알리바바의 주가가 올랐죠!

 ↳ 중국의 빅테크 때리기가 끝난 걸까요.

미국 젊은이가 대학을 싫어하는 이유 _ 58p

월스트리트 저널이 미국 성인을 대상으로 조사한 결과, 전체 응답자의 무려 56퍼센트가 4년제 대학 진학을 나쁜 선택이라고 판단했대요! 대학에 갈 필요가 없다고 생각하는 사람이 이렇게까지 늘어난 거죠. 왜일까요? 지금 미국의 젊은 세대는 대학을 최악의 가성비템이자, 이념 전쟁터라고 생각하기 때문입니다. 대학 불신의 주된 이유에 경제적 논리가 자리하는 거죠. 한국과는 먼 이야기 같나요? 생각보다 가까울지도 모릅니다.

 ↳ 4만 달러나 하는 대학 졸업장이 어떤 이점도 가져다 주지 못한다고 판단한 것 아닐까요?

 ↳ 공화당 정치인들은 커지는 대학 불신을 이념적인 근거로 사용하고 있어요.

이어지는 '톡스' 코너에서는 사물을 다르게 보고, 다르게 생각하고, 세상에 없던 것을 만들어 내는 사람들의 이야기를 담아요.《스레드》12호에서는 유튜브 플레이리스트 채널 Ode Studio Seoul을 만나 봤어요.

Ode Studio Seoul _ 67p

일할 때도 쉴 때도, 어딘가로 이동할 때도, 노래는 필수죠. 배경음악은 일상을 더욱 특별하게 만들어 주는 것 같아요. 16만 명의 사랑을 받는 유튜브 플레이리스트 채널 Ode Studio Seoul을 만나 이야기를 나눴습니다. 깔끔한 브랜딩을 보고, 당연히 전문가의 솜씨일 것이라 생각했는데요. 알고 보니, 취향 맞는 사람들이 모여 만든 사이드 프로젝트였습니다! 취향은 어떻게 브랜드가 되는지, 사이드 프로젝트를 이어 가는 동력은 무엇인지 직접 들어봤습니다.

 ⤷ 정말 좋아하는 플레이리스트 채널!
 ⤷ 《스레드》를 읽으면서도 꼭 틀어놓는다고요.

단편 소설 분량의 지식 콘텐츠 '롱리드' 코너도 있어요. 깊이 있는 정보 습득이 가능하고, 내러티브가 풍성해 읽는 재미가 있어요.

비움은 사랑이다 _ 79p

대장 속 사정, 현대인의 대표적인 말 못 할 고민입니다. 그런데 사실 좌변기에 편하게 앉아서 배변하는 방식이 문제였을지도 몰라요. 얼마 전 유행했던 배변 보조 발판 '스쿼티포티'는 쾌변을 위해 쪼그려 앉기를 제안합니다. 다시 허심탄회하게, 인류의 자연스러운 모습으로 돌아가자는 건데요. 현대인이 대변을 외면하면서 처리하지 못하는 건 자기 대장 속 사정만이 아닙니다. 인스타그램에 담기지 않는 우리의 불완전한 모습도 그중 하나일 거예요. 우리가 남긴 것은 결국 어떤 형태로든, 우리에게 돌아오고 있습니다. 여러분은 오늘도 무사히… 비우셨나요?

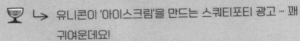 유니콘이 '아이스크림'을 만드는 스쿼티포티 광고 … 꽤 귀여운데요!

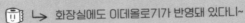 화장실에도 이데올로기가 반영돼 있다니~

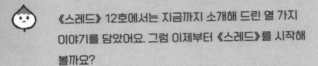 《스레드》 12호에서는 지금까지 소개해 드린 열 가지 이야기를 담았어요. 그럼 이제부터 《스레드》를 시작해 볼까요?

이달의 이야기

explained

톡스

롱리드

이달의 이야기에선 한 가지 주제를 깊이 다뤄요.
단순한 사실 전달을 넘어 새로운 관점과 해석을 제시해요.
함께 읽고 생각을 나눠요.

돈으로 살 수 없는 것

돈이 전부가 아니란 말은 이제 뻔뻔하게 들립니다. 돈이 전부가
맞습니다. 좀 더 정확하게는 돈이 거의 전부입니다. 한 산업의
주도권부터 지구를 생각하는 선한 마음까지, 적절한 가격을 지불해야
손에 넣을 수 있습니다. 돈을 움직이는 이 세계의 작동 방법을 알아야
하는 이유입니다. __ 신아람 에디터

안녕하세요. 북저널리즘 신아람 CCO입니다.

저는 돈을 많이 벌고 싶습니다.

그냥 하는 말이 아닙니다. 가능하다면 무한대로 벌고 싶습니다. 가능하다면 말이죠. 이 세계를 알면 알수록, 돈으로 거의 모든 것을 살 수 있다는 것을 깨닫게 되기 때문입니다. 예를 들면 지구에 대한 책임감 같은 것 말입니다.

테슬라의 재무제표

대체 그런 것을 누가, 얼마나 팔고 있을까요? 테슬라가 팔고 있습니다. 2022년 한 해 약 17억 8000만 달러, 우리 돈으로 2조 2000억 원어치를 팔았습니다. 바로 탄소배출권입니다.

혁신의 상징처럼 여겨지고 있는 테슬라. 그러나 전기차를 팔아서 흑자를 낼 수 있게 된 것은 얼마 되지 않았습니다. 2012년 '모델S'로 전기차 시장의 새로운 가능성을 보여주며 일론 머스크는 일약 스타덤에 올랐습니다. 2017년도에는 '모델 3'를 출시하며 시장에 본격적으로 전기차를 공급하기 시작했죠. 모델 3는 2018년 미국 프리미엄 자동차 시장에서 판매량 1위를 기록하기도 했습니다. 하지만 2020년까지 테슬라는 차량 판매만 놓고 볼 때 적자 기업이었습니다.

그런 테슬라의 재무제표를 채워준 것이 바로 탄소배출권입니다. 테슬라는 단순한 전기차 업체가 아닙니다. 청정에너지 기업이기도 합니다. 테슬라는 태양광 패널 설치 사업을 운영하며 에너지 저장 시스템을 판매합니다. 이 과정에서 확보한 탄소배출권을 다른 내연차 업체 등이 구입합니다. 2019년, 캘리포니아 대기자원위원회가 정한 배출 기준을 충족하지 못한 내연차 업체들이 3억 5700만 달러 어치의 탄소배출권을 테슬라로부터 구입하면서 화제를 모으기도 했습니다.

탄소배출권 거래제는 쉽게 말해 오염 물질을 배출할 수 있는 권리를 시장에서 사고팔 수 있는 제도입니다. 한 기업이 정부가 정한 배출량 이상의 탄소를 배출하게 되면 배출권을 구매해서 이를 상쇄하도록 한 것입니다. '공짜 탄소는 없다'라는 취지겠죠. 하지만 뒷맛이 씁쓸합니다. 인류의 생존이 달린 문제에도 자본의 논리가 작동하고, 돈이 있다면 떳떳하게 탄소를 뿜어낼 수 있다는 사실 때문입니다. 돈이 곧 지구에 대한 책임이 됩니다.

기업들만의 이야기가 아닙니다. 개인의 경우도 마찬가지입니다. 마트에서 장을 보는 우리도 지구에 대한 책임에 돈을 지불하는 당사자가 됩니다. 예를 들면 육식에 관한 이야기를 할 수 있겠습니다. 소고기는 같은 무게의 토마토나 바나나에 비해 30배의 탄소를 배출합니다. 그래서 개발되고 있는 것이 바로 배양육입니다. 그리고 새로운 기술에 해당하는 배양육은, 당연히 비싸겠죠. explained, 〈육식에 얽힌 인류의 책임〉에서 백승민 에디터는 질문을 던집니다. 기후 위기 시대를 살아가는, '먹는 존재'의 고민이 담긴 질문입니다. "마트에서 배양육이 들어간 냉동 만두를 집어 들 때, 실제 고기를 쓴 만두에 비해 가격이 비싸더라도 고민 없이 그것을 장바구니에 넣을 수 있을까?"

기후 위기에서 시그널을 읽는 사람들이 있습니다. 두 종류의 시그널입니다. 지구와 이웃을 살릴 시간이 얼마 남지 않았다는 신호, 그리고 위기를 이용해 자신의 곳간을 채울 수 있겠다는 신호. 일론 머스크는, 배양육 개발자들은 어떤 시그널을 읽은 것일까요? 그리고 여러분은 어떤 신호를 읽어내고 계신가요?

대학살의 가격

돈으로 살 수 있는 것은 탄소 중립과 같은 '선한 가치' 뿐만이 아닙니다. 성공도 살 수 있습니다. 메모리 반도체 시장 1위를 수성하고 있는 삼성전자가 그 대표적인 경우입니다.

반도체 시장에는 주기가 있습니다. 없어서 못 파는 호황기가 있는 반면, 물건을 아무리 잘 만들어도 수요가 없는 불황기도 있죠. PC 수요가 폭발적으로 증가했던 2010년대 초반, 스마트폰의 대중화가 진행된 2010년대 중반, 그리고 클라우드 업체들의 데이터 서버 구축으로 '슈퍼사이클'을 기록한 2010년대 후반이 메모리 반도체의 호황기였습니다. 그리고 이 호황기 사이사이에 불황기가 있었습니다. 삼성전자는 이 불황기를 기회로 삼았습니다. '대학살'의 기회 말입니다.

삼성전자가 주도한 첫 번째 대학살은 2007년으로 거슬러 올라갑니다. 글로벌 금융위기로 무엇이든 잘 팔리지 않던 때입니다. 반도체도 마찬가지였습니다. 수요가 줄면 공급도 줄어듭니다. 자본주의 시장경제의 기본 원칙이죠. 당시 대부분의 반도체 생산 기업들은 이 원칙에 따라 생산을 줄였습니다. 그러나 삼성의 선택은 달랐습니다. 생산량을 유지하면서 버티기에 들어간 것입니다. 당장은 적자가 나고 재고가 쌓입니다. 안 팔리니까요. 게다가 삼성전자의 재고 때문에 메모리 반도체 가격이 하락합니다. 시장이 흔들리자, 업체들도 흔들렸습니다. 독일 업체 '키몬다'가 파산했고 대만 기업들도 파산 직전까지 몰렸죠. 하지만 돈이 있는 삼성은 끝까지 버텼습니다. 그리고 승리했습니다.

이런 대학살은 2010년대 초반에도 벌어졌습니다. 2012년 일본의 마지막 D램 기업 '엘피다'가 파산했죠. 그리고 2017년부터 시작된 반도체 수퍼 사이클의 수혜는 삼성전자와 SK하이닉스가 고스란히 다 가져갔습니다. 1997년 전 세계 D램 제조 업체는 23곳에 달했습니다. 돈으로 치러낸 대학살 끝에 살아남은 곳은 삼성전자, SK하이닉스, 미국의 마이크론 정도라고 할 수 있습니다. 이들 세 곳이 시장의 95퍼센트 이상을 나누어 가지고 있기 때문입니다. 이 중에서도 삼성전자는 거의 절반에 가까운 시장을 독식하고 있습니다. 시장의 왕좌를 거머쥔 것입니다.

어마어마한 이야기 같지만 딱히 드문 이야기는 아닙니다. 어떤 업계에서든 독과점이 당연해지고 있는 요즘, '성공'은 '생존'의 동의어가 된 지 오래니까요. 국내 이커머스 시장에서 벌어지고 있는 지각변동을 다룬 explained, 〈네이버를 이긴 쿠팡의 유통 전략〉에서 이현구 에디터는 직매입 중심에서 물류 대행 쪽으로 영토를 확장하고 있는 쿠팡의 행보를 두고 "6조 원을 들여 구축한 물류 인프라의 추가 매출"이라고 분석합니다. '계획된 적자'를 감내하면서 물류에 압도적인 투자를 감행했기 때문에 경쟁에서도 압도적으로 살아남을 수 있습니다. 즉, '낙오'를 피할 수 있었던 것입니다.

개인의 삶도 어쩌면 비슷할지 모릅니다. 오늘 밤 쿠팡 물류 센터에서 야간작업을 하고 내일을 맞이하는 사람과 편안히 단잠을 자고 내일을 맞이하는 사람의 효율과 가능성은 다를 수밖에 없겠죠. 지금 당장 뭐라도 해서 돈을 벌어야 하는 구직자와 더 나은 직장을 위해 실직을 좀 더 유지해도 상관없는 구직자의 선택은 달라질 수밖에 없을 테고요. 미래의 성공을 위해 오늘의 손해를 감당할 용기는, 결국 돈에 달려있습니다.

관용이 힘든 나라

그렇다면 돈으로 살 수 없는 것은 무엇일까요? 아마도 가장 뻔한 답이 바로 '행복'일 겁니다. 행복도 돈으로 살 수 있다면 부자가 아닌 우리들의 마음이 너무 스산해지겠지요. 하지만 행복과 돈 사이에 상관관계는 분명히 존재하는 것 같습니다. 정원진 에디터의 explained,

〈우리나라가 행복하지 않은 이유〉를 읽어보면 말입니다.

　　행복의 조건은 무엇일까요? 유엔이 내놓은 기준 여섯 가지 중에 눈에 띄는 것이 '관용'입니다. 우리나라가 크게 뒤처지는 항목입니다. 나의 생존에 천착하지 않고 공동체의 안녕을 바라는 마음, 함께 더 나은 미래를 그리고자 하는 마음이 타인에게 너그러울 수 있는 '관용'의 가치를 만듭니다. 대표적으로는 기부를 들 수 있겠죠. 우리나라는 세계기부지수 88위 국가입니다.

　　'곳간에서 인심 난다'는 옛말이 있습니다. 내 사정이 넉넉해야 남에게도 너그러울 수 있습니다. 다만, 물리적인 빈곤이나 부유함의 문제는 아닐 겁니다. 내 마음에 얼마나 여유가 있는지, 내가 얼마나 가진 사람이라고 느끼는지의 문제입니다. 똑같이 1000만 원을 가진 사람이라 하더라도 각자의 처한 상황, 욕망의 크기 등에 따라 가치는 달라질 겁니다. 누군가에게는 절망스러운 금액이고, 누군가에게는 인심을 쓰기에 충분한 금액이겠죠. 그럼에도 불구하고 우리는 인정할 수밖에 없습니다. 관용의 마음도, 그리하여 행복이라는 가치도 결국 돈의 문제라는 것을 말이죠.

　　그래서 돈에 관해 잘 알아야 합니다. 그리고 그 돈을 움직이는 세계의 법칙에 관해서도 잘 알아야 하겠죠. 이번 달 《스레드》가 여러분에게 그 법칙을 이해할 수 있는 좋은 힌트가 되었으면 합니다. 주식방이나 코인방에서 귀띔해 주는 투자의 '묘수' 같은 것보다 훨씬 더 큰 그림을 그릴 수 있게 해 주는, 간편한 해설서가 되어드리겠습니다.

　　아, 그런데 어쩌면 돈으로 살 수 없는 것이 있기는 있을지도 모르겠습니다. 바로 '쾌변'입니다. 이번 달 롱리드, 〈비움은 사랑이다〉를 읽어보시면서 쾌변은 돈으로 살 수 있는 것인지 한 번 생각해 보셨으면 합니다. ⓣ

explained에선 세계를 해설해요.
조각난 뉴스가 아닌 완전한 스토리를 지향해요.
선택과 정제를 거친 일곱 개 이슈를 오디오로도 경험해 보세요.

유엔이 국제 행복의 날로 지정한 지난 3월 20일,
세계행복보고서(World Happiness Report·WHR)를 발간했다.
우리나라 행복지수는 137개국 중 57위를 기록했다. 핀란드는
6년 연속 1위 자리를 지켰고 아프가니스탄이 최하위로 나타났다.
전쟁을 겪고 있는 러시아와 우크라이나는 각각 70위와 92위였는데,
자비심(benevolence) 항목에서는 우크라이나가 러시아를 앞질렀다.
__ 정원진 에디터

순위가 중요한 것이 아니다. 유엔이 행복의 조건으로 내세운 여섯 가지 측정 기준을 세밀하게 살펴야 한다. 우리나라는 인도네시아보다 30위 앞서지만, 관용(Generosity) 항목에서는 뒤처진다. 우리나라가 공동체 의식이 부족한 사회라는 뜻이다. 우리나라가 행복하지 않은 이유는 여기 있다. 진짜 이유를 찾지 않으면 바꿀 수 없다.

세계행복보고서

행복을 기준으로 전 세계를 줄 세운다는 발상은 어디서 나왔을까? 유엔 자문 기구인 지속가능발전해법네트워크는 매년 세계의 행복지수를 측정한다. 사람들로 하여금 행복의 중요성을 인식하게 하겠다는 취지로 국제 행복의 날에 맞춰 발표한다. 유엔이 직접 진행하는 것은 아니다. 갤럽세계여론조사(GWP)가 매년 세계 여러 나라에서 실시하는 주관적 안녕(Subjective Well-Being·SWB)에 관한 설문조사 데이터를 분석해 내놓는 것이다. 이전 3년치 데이터를 반영한다.

여섯 가지 측정 기준

주관적 안녕이란 추상적인 개념은 어떻게 측정할 수 있을까. 검증 항목은 총 여섯 가지다. 1인당 국내총생산(GDP), 사회적 지원, 건강기대수명, 삶에 대한 선택의 자유, 부패지수, 관용이다. 각 항목을 각국 1000명의 국민에게 캔트릴(Cantril) 사다리 척도를 사용해 질문한다. 0과 10을 각각 최악, 최상의 상태라고 가정했을 때, 본인의 삶은 어느 정도에 위치해 있는지 묻는 것이다. 2020~2022년 점수의 평균값이 이번 세계행복보고서에 담겼다.

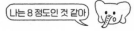

엘살바도르보다 아래

역시나 상위권엔 북유럽의 복지 국가가 자리했다. 핀란드, 덴마크,
아이슬란드가 나란히 1, 2, 3위를 차지했다. 우리나라는 지난해보다
5계단 상승해 세계에서 57번째로 행복한 나라로 나타났다. 뒤로 80여
개국이 더 있지만, 국내 언론들은 낙제점 성적표를 받아든 것처럼
보도한다. 이상한 반응은 아니다. 엘살바도르와 아르헨티나보다 낮은
순위다. 두 나라는 각각 50위와 52위를 기록했다. OECD 38개국으로
좁히면 결과는 더욱 안 좋다. 뒤에서 네 번째다.

전쟁 속 증가한 자비심(benevolence)

세계행복보고서의 취지는 현재를 진단하고, 행복 증대 정책의
레퍼런스를 마련하기 위함이다. 보고서는 행복감을 다방면에서
살피기 위해 매년 새로운 항목을 추가한다. 2018년 발표된 보고서는
행복감과 이주의 관계를 분석했고 2022년 발표된 보고서는 유전적
영향에 초점을 맞췄다. 그리고 이번 보고서는 전쟁과 행복감의 관계에
주목했다. 전쟁 발발 후 우크라이나 국민의 행복감은 줄었지만
자비심, 정부에 대한 신뢰는 높아졌다. 특히 전쟁이 시작된 2022년,

우크라이나의 자비심 항목에 대한 긍정 평가는 역대 최고 수준을 기록했다. 위기 상황에서 공동체 의식이 더욱 강화됐다는 분석이다.

고통이 연대 의식으로

이번 보고서에 포함되는 2020~2022년은 코로나19, 경기 침체, 전쟁 등이 일어난 시기다. 전문가들은 세계 전반에 걸쳐 행복감이 하락할 것이라 예상했지만 이는 빗나갔다. 여섯 가지 측정 기준 중 사회적 지원, 관용의 영향이 크게 드러났기 때문이다. 악시오스는 위기 상황에서 사람들은 서로를 돌볼 수 있는 능력을 발견했고 이를 통해 세계가 직면한 '확실한 고통(undoubted pains)'이 상쇄됐다고 설명한다. 실제로 사회적 지지에 대한 긍정 평가는 외로움을 두 배 앞섰고, 관용에 해당하는 자원봉사와 기부는 25퍼센트 증가했다.

늘어난 기부

기부는 공동의 이익을 추구하는 가장 적극적인 행위다. 위기 속에서 세계기부지수가 올라 갔다. 2019년 33퍼센트에서, 2021년 40퍼센트로 증가했다. 세계기부지수는 영국의 자선지원재단(CAF)과 미국의 갤럽이 전 세계 119개국을 대상으로 조사한다. 기부뿐만 아니라 자원봉사, 낯선 사람을 돕는 것까지 종합적으로 수치화한다. 기부지수는 위기 상황 속 저소득 국가에서 눈에 띄게 늘었다. 팬데믹 동안 우크라이나, 잠비아가 세계기부지수에서 영국을 제칠 정도였다. 한편, 우리나라는 88위로 최하위권에 속한다.

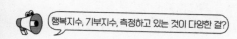

행복지수, 기부지수, 측정하고 있는 것이 다양한 걸?

가능성에 대한 이야기

이는 우리나라가 행복하지 않은 이유와 무관하지 않다. 기부를 하지 않아서 행복하지 않다는 뜻은 아니다. 내가 무언가를 보탬으로써 이루고픈 공동의 목표가 없다는 것이 문제다. 이번 보고서는 공동체 의식이 행복감을 높이는 핵심 요소임을 강조한다. 지난해 보고서에는 디스토피아 지수가 포함됐다. 여섯 가지 기준의 최하위값을 더해 만든 가상의 나라 디스토피아를 가정하고, 이곳에 산다면 얼마나 행복할 것 같은지 묻는 것이다. 국가의 발전 가능성을 얼마나 긍정적으로 생각하는지 측정하기 위한 항목이다. 해당 조사에서 우리나라는 101위를 차지했다. 다시 말해, 내가 속한 공동체의 변화에 대한 기대감이 부재하다는 뜻이다.

IT MATTERS

세계행복보고서는 소득, 건강, 의지할 친구, 선택의 자유, 관용, 살고 있는 사회에 대한 신뢰, 이렇게 여섯 가지를 가진 사람을 행복한 사람으로 설명한다. 그중에서도 공동체 의식에서 비롯되는 관용은 개인의 행복감에 큰 영향을 끼친다고 이번 보고서는 강조한다. 말로만 듣던 사실이 증명된 것이다. 그것도 데이터를 통해서 말이다.

우리나라가 직면한 문제는 세계행복보고서에서만 발견되는 것은 아니다. 이번 보고서에는 포함되지 않았지만, 글로벌 시장 조사 기업인 입소스는 미국, 일본, 네덜란드 등 주요 32개국을 대상으로 한 조사에서 행복지수가 가장 높은 나라로 중국을 꼽았다. 우리나라는 31위였다. 중국의 세계기부지수 순위는 10년에 걸쳐 상승해 왔다. 2021년 기준 49위로 약 90위나 올랐는데 그 배경으로 시진핑 주석이 주력하는 공동부유(共同富裕) 운동이 지목된다.

　　5년간 세계기부지수 1위를 유지하는 나라는 인도네시아다.
인도네시아 성인 10명 중 8명은 기부한 적이 있으며, 6명 자원봉사
경험을 가지고 있다. 세계행복지수로 따지면 인도네시아는
5.240점으로 87위다. 5.935점으로 57위를 차지한 우리나라와 점수
면에서는 큰 차이가 없다. 하지만 관용 항목은 인도네시아(0.422)가
크게 앞서고 있다. 같은 항목에서 우리나라(0.112)는 러시아(0.120)의
수준과 비슷하다. **ⓣ**

매머드가 부활했다. 온전한 형태는 아닌, 미트볼의 모습이었다. 현지 시간으로 지난 3월 28일, 호주의 배양육 스타트업 '바우(Vow)'는 멸종한 매머드의 DNA를 이용해 만든 세포 배양육 미트볼을 공개했다. 매머드의 유전 정보를 양의 세포에 넣어 배양해서 만든 것이다. 축구공보다 조금 작은 이 미트볼을 먹을 수는 없다. 오래된 멸종 동물의 세포를 이용한 것인 만큼, 어떤 단백질이 알레르기를 일으킬지 모르기 때문이다. 즉, 매머드 미트볼은 일종의 퍼포먼스다. 바우는 "우리가 식품을 어떻게 얻는지 다시 생각해 봐야 할 때"라며, 배양육에 관심을 촉구하기 위해 퍼포먼스를 기획했다고 설명했다.

__ 백승민 에디터

에디터의 음성 해설을 지금 들어 보세요!

만약 이 미트볼이 소나 돼지로 만들어졌다고 상상해 보자. 접시 위에
놓인 고기를 보고 동물의 모습을 떠올릴 수 있을까? 현대인에게 고기와
동물은 다르다. 마트에서 보는 깔끔하게 포장된 고기는 도축과 정육의
과정을 생략한 채 그 결과만을 보여준다. 한편, 매머드는 기후 변화로
멸종한 동물이다. 현대의 인류는 매머드 고기는커녕 그 외형도 실제로
본 적이 없다. 바우가 배양육 홍보를 위해 매머드를 택한 건 고기를
보고 동물을 떠올릴 수 있게 하는 효과적인 전략이다. 매머드와 미트볼,
두 조합의 낯섦에서 동물의 이미지가 연상되기 때문이다. 그리고
생각은 매머드를 멸종시킨 기후 변화로 이어진다.

©사진: Daniel Eskridge

고기의 탄소 발자국

인류는 살얼음 위에 서 있다. 유엔 '기후 변화에 관한 정부
협의체(IPCC)'는 최근 기후 위기가 앞으로의 10년에 달려 있다고
경고했다. 인류는 할 수 있는 방법을 모두 동원해서 지구의 온도가 더
올라가는 걸 막아야만 한다. 그런데 육식은 여기에 방해가 된다. 육류는
채소에 비해 킬로그램당 온실가스 배출량이 많기 때문이다. 소고기

1킬로그램을 생산할 때 배출되는 탄소는 60킬로그램에 가깝다. 반면 토마토나 바나나는 2킬로그램도 안 된다. 소고기를 먹는 건 토마토나 바나나를 먹는 것에 비하면 30배의 탄소를 배출시키는 셈이다. 즉, 육식을 중단하는 건 개인이 할 수 있는 최고의 기후 행동이 된다.

탄소 발자국이 큰 소고기는 물 소모량도 엄청나대

고기를 대신하는, 대체육

그러나 생활에는 습관이 배어 있어 하루아침에 바꾸기 어렵다. 육식을 포기한다는 것은 식사 메뉴를 고를 때 제약이 생기거나, 마트에서 할인하는 고기를 그냥 지나쳐야 한다는 뜻이다. 기후를 위한 의미 있는 행동이지만 육식이 입맛에 맞다면 외면하기 힘든 현실이다. 인류는 그래서 대체육을 개발했다. 콩 단백을 이용해 돼지고기나 참치의 맛을 재현한 식물성 대체육은 비거니즘(채식주의)을 선택한 사람들에게 고기의 대안이 되고 있다. 한계는 있다. 진짜 고기와는 맛과 식감 면에서 다르다. 대체육이 실제 육류와 비교해서 단백질의 질이 떨어진다는 주장도 있다. 식물성 단백질은 1~2개의 필수 아미노산이 부족한 불완전 단백질이라는 설명이다.

물론 대체육은 고기의 맛을 재현하기 위해서가 아니라, 비거니즘 실천을 위해 개발하는 거겠지

대체육의 한계를 극복하는, 배양육

이 한계마저 넘어서려는 것이 배양육이다. 배양육은 실제 육류와 모양이나 영양 성분 면에서 비슷하다. 생산하는 과정은 업체마다 조금씩 다르나, 거칠게 말하자면 연구실에서 근육과 지방 세포를

증식시키는 방법을 이용한다. 세포를 배양액에 담가놓으면 단백질 조직이 형성된다. 이를 뭉쳐 고기 모양으로 만든다. 원하는 부위만 따로 만들 수도 있다. 배양육은 목축업과 공장식 축산에 따라붙었던 환경과 윤리에 관한 문제에서 자유롭다. 생산 과정에서 탄소를 배출하지 않고 물을 적게 사용하며, 동물을 불필요하게 도축할 필요가 없어지기 때문이다.

제도가 따지는 것, 안전

배양육은 장점이 많지만 아직 우리의 식탁 위에 오르지 못한다. 배양육을 식품으로써 공식 허용한 국가는 현재로서는 싱가포르가 유일하다. 지난 3월에는 미국 FDA도 닭고기 배양육에 대한 안전성 승인을 내렸다. 절차가 남았지만 이것이 식품으로서 안전하다는 공인을 받은 셈이다. 배양육은 먹거리 안전과 관련하기 때문에 발전 속도에 비해 허가가 느리게 난다. 세포를 배양하는 과정에서 쓰이는 특정 물질들이 우리 입에 들어가도 안전할지 꼼꼼히 따져보아야 하기 때문이다.

배양육이 식탁에 올라오기까지

아직 불확실한 배양육에 시민들도 두려움을 느낀다. 식당에서 배양육 햄버거를 주문한다고 상상해 보자. 고기 패티가 자연의 동물에서 유래하지 않았기 때문에 거부감을 느끼거나, 화학적인 성분이 들어갔기 때문에 건강에 안 좋을 것이라는 우려가 들 수 있다. 개발자들이 안전을 보장함으로써 해결해야 할 문제다. 한편 이 산업을 이끄는 사람들이 해결할 문제도 있다. 고기 소비가 줄어들 걸 걱정하는 축산

업계의 반발을 잠재우는 것이다. 실제로 업계는 배양육은 고기가 아니라며 명칭 변경을 촉구했다. 갈등을 우려해서일까. 이탈리아 정부는 배양육 식품 생산을 금지하는 법안을 발의했다. 이탈리아의 농민 협회 콜디레티는 "다국적 기업의 공격으로부터 자국의 식량 생산을 보호해야 한다"며 이를 환영했다.

최근 우유 업계도 식물성 대체유에 들어간 '우유'나 '밀크' 같은 표현을 수정하라고 요구했어

예고된 독점

배양육은 다국적 식품 기업의 독점을 강화할 것이다. 실제로 배양육을 개발하는 건 스타트업이 대부분이지만 초거대 식품 회사들이 그들과 손을 잡고 있다. 신기술에는 자본이 결합해야 하니, 어찌 보면 자연스러운 일이다. 미국에서는 최대의 육가공 업체 타이슨 푸드가 이 기술에 적극 투자하고 있으며, 국내에서도 풀무원, 대상, CJ제일제당 등 식품 대기업이 배양육 개발에 힘쓰고 있다. 우리나라에 배양육 유통이 허용된다면 우리의 가장 첫 경험은 마트에서 사는 풀무원의 냉동 식품이 될 가능성이 높다.

가격 프리미엄

마트에서 배양육이 들어간 냉동 만두를 집어들 때, 실제 고기를 쓴 만두에 비해 가격이 비싸더라도 고민 없이 그것을 장바구니에 넣을 수 있을까? 배양육 개발의 과제 중 하나는 비용 절감이다. 이스라엘의 배양육 공장 퓨처미트테크놀로지스는 2021년 말, 배양육 닭 가슴살의 생산 단가를 1파운드당 7.7달러로 낮췄다고 발표했다. 당시 미국의 일반 닭고기 값인 파운드당 3.62달러에 비하면 두 배 높은 가격이다.

1파운드는 453그램이지

배양육이 식품 산업에 안착하기 위해서는 돈이 들 것이다. 기술을 개발하고 규모를 확대해서 비용을 낮추지 않으면 소비자는 프리미엄 가격이 붙은 배양육을 들고 망설일 수 있다.

IT MATTERS

배양육 시장의 미래는 어둡지 않다. 식품 기업들은 배양육을 미래로 여기며 투자하고 있다. 돈이 될 시장이란 뜻이다. 시민들이 가치에 돈을 지불하는 데 익숙해지고 있기 때문이다. 점점 더 많은 사람들이 지구와 공동체를 위해 조금 더 비싸더라도 친환경 제품을 사용하거나, 불편을 감수하고 채식을 택하고 있다. 우리 중 일부는 탄소 중립과 동물권을 지킬 수 있는 배양육에도 기꺼이 돈을 낼 준비가 되었다.

다만 간과해서는 안 된다. 배양육은 혁신이지만 기술 하나만으로 세상은 뒤집히지 않는다. 음식 한 접시를 바꾼다고 해서 모든 게 바뀌리라는 순진한 생각은 오히려 세상을 전혀 바꾸지 못한다. 배양육이 당장 내일 출시되어 새벽 배송으로 배양육 미트볼을 주문한다고 가정하자. 거대한 트럭을 타고 종이 박스에 담겨 배송되어 오는 배양육은 탄소 발자국을 만들 것이다. 배양육은 생산할 때 화석 연료를 쓰기 때문에 오히려 축산업보다 탄소를 많이 배출한다는 평가를 듣기도 했다. 배양육이라는 한 가지 기술에만 주목했기 때문에 나온 분석이다. 더 넓게 보면, 그렇기 때문에 화석 연료에서 대체 에너지로의 전환도 빠르게 이뤄져야 한다는 답이 나온다. 최근 빌 게이츠는 채식을 장려하면서도, 모든 사람들이 채식을 한다고 해서 기후 문제가 해결되지는 않는다고 했다. 앞으로 나아가기 위해서 필요한 건 하나의 기술이 아니다. 모두의, 그리고 모든 방면에서의 행동이다. **T**

수많은 프로그램에 '챗GPT'가 덧붙고 있다. 국내 AI 스타트업 '업스테이지'는 카카오톡 채널에서 사용 가능한 인공지능 챗봇 서비스 '아숙업(AskUp)'을 출시했고, 지난 3월 20일에는 '아숙업 비즈(AskUp Biz)'를 내놨다. '뤼튼 테크놀로지스'는 문장을 완성하는 인공지능을 만들고 있고, 미국 주요 기업의 절반이 AI 챗봇을 업무에 활용하기 위한 지침을 마련 중이라는 조사 결과가 나왔다. 확장 프로그램이 된 생성형 인공지능은 차세대 AI 시장의 정복자가 될 것으로 보인다.

__ 김혜림 에디터

그런데, 이게 전부일까? 초거대 인공지능의 정보 조합과 생성 능력을 활용해 지식을 생산할 수는 없을까? 암의 치료법을 고민하는 생성형 인공지능이 출현할 수는 없을까? AI가 양질의 지식 데이터를 흡수하기 위해서는 빗장 속에 갇힌 학술 정보의 해방이 필요하다. 논문의 구조, 지식 정보 콘텐츠의 파일 형태, 저작권이라는 기존의 제도가 인공지능 시대에 맞춰 변해야 한다는 뜻이다. AI 시대의 지식 생산을 위해 오픈 액세스, 디지털 아카이빙을 고려해야 한다. 제도적 전환이 시급하다.

변호사 시험 상위 10퍼센트

지난 3월 15일, 오픈AI가 초대규모 인공지능 모델 'GPT-4'를 내놨다. GPT-4는 미국 변호사 시험에서 상위 10퍼센트의 성적을 기록할 정도로 똑똑하다. 이전 모델인 GPT-3의 성적이 하위 10퍼센트에 그쳤다는 걸 감안하면 엄청난 발전이다. 오픈AI는 "두 버전이 유사해 보일 수 있지만, 작업이 복잡해질수록 GPT-4가 더욱 안정적이고 창의적인 모습을 보일 것"이라며 자신했다.

벌써 GPT4! 변호사 시험까지 통과하다니, 대단한걸

간편한 도구, 인공지능

인공지능은 그 발전 속도만큼 빠르게 일상생활에 침투하고 있다. 계속해 화두가 되는 챗GPT가 대표적이다. 대한상공회의소가 전국 20~60대 성인을 대상으로 조사한 결과, 전체 응답자의 35.8퍼센트가

한 번 이상 챗GPT를 사용해 봤다고 답했다. 응답자 중 50.7퍼센트는 챗GPT의 유용한 기능으로 정보 검색 기능을 꼽았다. 대화를 통한 아이디어 습득, 대필과 작문 등에 사용한다는 응답이 그 뒤를 이었다. 기업들이 그를 바라보는 관점도 크게 다르지 않다. MS는 더 편리한 업무를 위해, 토스는 더 편리한 애플리케이션을 위해 인공지능을 도입하고 있다. 몇 차례의 번거로운 과정을 줄이는 것에 인공지능이 활용되는 셈이다.

중요한 건 데이터

챗GPT와 같은 생성형 인공지능은 무한에 가까운 데이터를 짧은 시간에 분류하고, 학습해 결과물을 내놓는다. 투입 데이터를 축적하기 위해 AI 모델은 인터넷에 공개된 정보를 크롤링한다. 그러나 현재 인공지능이 학습할 수 있는 인터넷의 정보는 인간이 생산한 정보의 극소수에 지나지 않는다. 단적인 예시로, AI는 인터넷에 공개된 유명인의 얼굴 이미지를 학습할 수 있지만, 42만 건 이상의 임상 시험을 거친 암 치료제에 대한 연구는 학습할 수 없다. 제목과 초록을 읽고 극히 일부의 정보를 학습하는 것에 그칠 뿐이다.

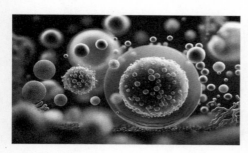

©사진: Nilima

논문의 구조와 파일 형태

그렇다면 왜 인공지능은 생산된 모든 학술 데이터를 학습할 수 없을까? 논문의 구성, 파일 형태가 첫 번째 문턱이다. 과학·공학 논문에서 자주 쓰이는 그래프와 표, 사진과 같은 시각 자료는 인공지능 친화적인 자료가 아니다. 예컨대, 항암 치료를 통해 줄어든 암 세포를 보여 주는 MRI 결과 이미지는 인공지능에게 제한적인 정보만 전달한다. 챗 GPT에게 직접 물어본 결과, 답변은 다음과 같았다. "AI 언어 모델로서 간단한 시각 자료는 어느 정도 이해할 수 있습니다. 그러나 복잡한 그래프나 여러 유형의 데이터가 통합된 시각 자료의 경우, 이해가 어려울 수 있습니다." 또한 대부분의 논문이 택하는 PDF라는 파일 형태도 문제다. PDF는 인쇄만을 염두에 둔 확장자다. 인공지능에게는 낯선 형태라는 뜻이다. 대부분의 논문이 취하는 2단 구성의 PDF 문서는 검색조차 쉽지 않다.

논문의 저작권

저작권 문제도 있다. 저자와 저널, 학술 정보 사이트까지, 다양한 주체가 논문에 대한 저작권을 나눠 갖고 있다. 챗GPT는 "유료 사이트이거나 저작권 제한이 있는 과학 논문에는 직접 접근할 수 없다."고 말했다. "저작권이 학술지에 대한 접근을 제한하고 있다"고 덧붙이기도 했다. 현재 모든 학술 출판물의 72퍼센트가 유료다. 학생과 연구자는 학교와 연구소가 맺은 계약을 통해 제한적으로 학술 정보 업체에 접근할 수 있지만, 그 테두리를 벗어난다면 사실상 논문을 쉽고 빠르게 읽는 건 사치에 가깝다. 일반 시민의 접근조차 어려운데, 인공지능이 접근하기 쉬울 리 없다.

구글의 실험

구글의 딥마인드는 2022년 7월, 양질의 데이터를 다량 투입했을 때
인공지능이 할 수 있는 일을 보여 줬다. 딥마인드가 개발한 AI 단백질
구조 예측 프로그램 '알파폴드(AlphaFold)'는 2억 개 이상의 단백질
구조를 예측했다. 지구상 알려진 거의 모든 단백질의 구조다. 과학자가
만든 데이터를 알파폴드가 학습하고, 알파폴드가 내놓은 결과물은
과학자들의 신약 개발로 이어진다. 알파폴드의 사례처럼, 과학계와
의료 현장 내부에서 생산되는 지식들이 GPT-4에 담긴다면 어떻게
될까? 임상 시험 자료에는 예방, 치료 방법, 진단, 추적, 유전, 역학,
삶의 질까지 질병에 관한 수많은 정보가 담겨 있다. 다만 하나의
임상 시험이 다루는 세부 주제의 차이와 지역적·언어적 한계로 인해
산발적인 정보로 남는다. 만약 AI가 암을 다룬 42만 건의 임상 시험
정보를 모두 학습한다면, 암 치료가 가능한 조건을 '생성'할 수 있다.

> 그동안은 수많은 곳에 흩어져 있던 정보를
> 인공지능이 모아 볼 수 있겠구나!

HTML과 오픈 액세스 운동

기술적·제도적 이유에서 인공지능은 인간 사회의 지식 중 상당 부분을
놓치고 있다. 인공지능이 이해할 수 있는 양질의 데이터를 생산하는 것,
그 첫걸음은 기존 제도에 갇힌 학술 데이터의 해방일지 모른다. 2001년
12월, 부다페스트에서 개최된 작은 모임에서 힌트를 얻을 수 있다.
'BOAI(부다페스트 오픈 액세스 이니셔티브)'는 모든 학문 분야에서
산출된 학술 논문이 인터넷상에서 자유롭게 이용 가능해야 한다고
주장했다. 제도적으로는 오픈 액세스 운동을, 기술적으로는 HTML

형태의 지식 정보 텍스트를 생산하는 것이 필요하다. 학계에는 철저한 동료 평가와 리뷰를 통해 안전하고 알찬 학술장을 꾸려 나가야 한다는 과제가 주어진다.

IT MATTERS

AI의 시대 앞에서 지금 정부가 해야 할 일은 명확하다. AI를 만드는 것보다 AI를 더 잘 활용할 수 있도록 데이터를 개방해야 한다. 과학기술정보통신부는 초거대 인공지능과 관련한 정책 방향을 제시하겠다고 발표했다. 이 발표에서 데이터 공개와 형태 변환 계획 등을 눈여겨볼 필요가 있다.

한편으로 우리는 지식의 속성을 물어야 한다. 지식은 공공재일까? 지난 3월 21일, 디지털 도서관을 운영하는 '인터넷 아카이브(Internet Archive)'와 대형 출판사는 구두 변론을 진행했다. 출판사는 책을 디지털 자료로 스캔하는 인터넷 아카이브의 행태가 불법적인 저작권 침해임을 말하고, 인터넷 아카이브는 시대적·사회적 배경에 상관없이 모두가 지식 정보에 접근할 수 있어야 한다고 말한다. 인공지능이 소용돌이처럼 모든 정보를 빨아들이는 시대다. 지식 정보를 둘러싼 법도 재고될 필요가 있지 않을까.

지식 정보의 생산과 전달 방식이 진화해야만 인공지능과 인간의 합작이 시너지를 낼 수 있다. 전통적인 형태의 물성만으로, 일부 연구자들에게만 열린 논문만으로, 과거의 법적 제도에 갇힌 채로, 우리는 인공지능이 발휘할 수 있는 능력을 충분히 누릴 수 없다. ●

04 구글의 새 라이벌, 엔비디아

구글이 현지 시간 4월 5일 자신들이 인공지능·학습에 쓰는
슈퍼컴퓨터를 공개했다. 2016년부터 자체 개발해 2020년부터
운영해 왔으며 자사의 초대형 언어 모델 '팜(PaLM)'도 50일간 이
슈퍼컴퓨터를 통해 훈련했다고 밝혔다. 대규모 언어 모델(LLM)의 주력
시스템이 될 것이라며 성능을 과시했는데 비교 대상에 올린 건 다름
아닌 반도체 회사 엔비디아였다. __ 이현구 에디터

WHY NOW

인공지능 모델이 학생이면 개발사는 학부모다. 학부모는 더 우수한 교육 환경을 열망한다. 이를 담보하는 게 슈퍼컴퓨터에 달린 반도체다. 사회가 인공지능을 활용한 교육을 고민할 때 인공지능을 위한 교육 시장은 이미 'SKY 캐슬'이었다. 경쟁은 언제나 새로운 시장을 연다. 이 교육열 이면을 들여다보면 인공지능 경쟁의 진짜 승자가 보인다.

©사진: evening_tao

실리콘밸리 8학군

인공지능은 배울 게 많다. 슈퍼컴퓨터는 인공지능 모델의 스파르타식 자습 교실이다. 수천 개의 반도체로 무장한 그곳엔 야자 감독관이자 공부 길잡이인 연구원들이 있다. 이들은 학습 요령이 적힌 핸드북 하나만 준 채 데이터를 바닥에 쏟아붓고 문을 닫는다. 홀로 남은 인공지능은 이제 흩어진 데이터들의 규칙을 알아서 찾아야 한다. 이렇게 탄생한 게 구글의 '람다(LaMDA)', 오픈AI의 'GPT'다. 이 모델이 상품화한 게 '바드'와 '챗GPT'다. AI 경쟁의 과열은 실리콘밸리 8학군 사교육 시장에 불을 지폈다. 더욱 고성능의 자율 학습 시스템을 찾게 된 것이다.

AI 전쟁의 최대 수혜자

학습 시장의 명문은 엔비디아다. 엔비디아는 원래 그래픽 카드로
불리는 GPU의 강자다. GPU는 컴퓨터의 두뇌인 CPU보다 훨씬 많은
코어를 가지고 있는데 각 코어의 속도가 빠르진 않지만 많은 작업을
동시에 진행할 수 있다. 이 병렬 연산 방식은 딥러닝에 효과적이었고
GPU는 AI 개발의 핵심으로 떠오른다. 엔비디아가 AI 전용 반도체
시장의 90퍼센트를 점유할 수 있던 비결이다. 챗GPT가 AI 상용화의
가능성을 열자 엔비디아의 주가는 1월에만 30퍼센트가 넘게 뛰었다.
GPU 기반의 컴퓨팅을 대체할 것은 없어 보였다.

GPU vs TPU

CPU는 적은 코어로 빠르게 직렬 연산을 한다고 해

구글이 여기에 도전장을 던졌다. 구글은 GPU와 다른 AI 컴퓨팅
인프라를 갖추고 있다. 'TPU v4'라고 불리는 구글의 슈퍼컴퓨터엔 자체
개발한 '텐서 프로세싱 유닛'(TPU·Tensor Processing Units)이라는
AI 칩 4000개가 탑재돼 있다. TPU는 구글의 머신러닝 엔진인
'텐서플로우(Tensorflow)'에 최적화된 칩으로 특정 조건에선 GPU보다
연산력이 뛰어나다. 즉, 반도체에서 비롯된 컴퓨팅 능력이 교육
시스템의 차이를 만드는 것이다. 인공지능 전쟁이 하드웨어로 확전되는
것은 이 때문이다.

골드러시 시대의 교훈

지금의 AI 경쟁은 1800년대 골드러시를 연상케 한다. 금을 찾으러
간 광부 중 부를 얻은 것은 소수였지만 곡괭이 같은 채굴 장비나

청바지를 판 상인들은 큰 이득을 봤다. 인공지능 역시 지금의 검색 시장처럼 승자 독식 구조가 될 가능성이 크다. 최고의 인공지능 서비스를 개발하는 것보다 파생 산업에 투자하는 게 안전한 이유다. 실제 엔비디아는 기업들의 AI 개발 인프라 전반을 구축하는 솔루션을 제공한다. AI 경쟁의 승자가 누구든 돈을 쓸어 담게 돼 있다. 그러나 AI 광부인 구글이 채굴 장비 시장에 뛰어든 것은 비단 돈 때문이 아니다.

결과보다 체계

구글이 TPU의 우수성을 입증하려는 이유엔 마이크로소프트와의 경쟁 심리도 작용한다. 챗GPT의 모태인 GPT 모델이 엔비디아의 GPU를 기반으로 하기 때문이다. 챗GPT의 등장은 이미 구글의 자존심에 흠집을 냈다. 구글은 인공지능 업계의 리더고 바드는 챗GPT보다 훌륭해야 했다. 챗GPT가 엉뚱한 답을 내놓으면서도 시장의 환호를 받은 반면 바드가 오답 하나에도 주가가 폭락한 이유는 사람들이 구글에 거는 기대 때문이다. 구글은 뛰어난 학생 하나보다 그런 학생 수십 명을 키워낼 수 있는 시스템을 선보이고자 한 것이다.

©사진: BoliviaInteligente

나만의 하드웨어

"소프트웨어에 진심인 사람은 자기만의 하드웨어를 만들어야 한다."
애플의 공동 창업자 스티브 잡스가 아이폰을 세상에 처음 공개할 당시
미국의 전산학자 앨런 케이를 인용해 한 말이다. 하드웨어의 성능이
소프트웨어의 정교함을 좌우하는 시대는 진작에 왔다. 자사 제품의
차별화된 성능을 기술적으로 구현하면서도 가격 경쟁력을 갖추려면
나만의 하드웨어가 필요한 법이다. 애플과 테슬라, 구글이 자체 칩을
갖추려는 이유다. 인텔이 고객을 잃었듯 엔비디아도 언제고 웃을
수만은 없다. 그러나 이 열풍 속에 진짜 웃는 곳은 따로 있다. TSMC다.

시장의 시장의 시장

지금껏 언급한 엔비디아의 GPU, 구글의 TPU, 애플의 M시리즈,
테슬라의 D1은 모두 TSMC가 만든다. 업계 최고의 수율과 기술력
덕분이다. 삼성전자와 달리 파운드리만 고집하는 점도 장점으로
꼽힌다. 파운드리는 시스템 반도체를 대체할 무언가가 나오기 전까지
계속 돈을 버는 구조다. 그때그때 반도체 업황에 영향을 받을 뿐이다.
이는 생산이 설계와 달리 대체 불가하기 때문이다. 기술 기업이 생산
인프라를 구축하려면 막대한 예산과 기술력이 필요하다. 파운드리를
틀어쥔 TSMC의 약점은 대만이 가지는 지정학적 리스크 혹은 미국의
반도체법 정도다.

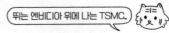

뛰는 엔비디아 위에 나는 TSMC.

IT MATTERS

인공지능의 파생 시장에서 한국 기업이 발 디딜 구석은 마땅치 않아

보인다. 대규모 언어 모델을 개발하는 네이버와 카카오가 바드나 챗GPT 같은 학생을 배출할 수 있을지, 삼성전자나 SK하이닉스가 엔비디아나 구글의 AI 칩 생산을 끌어올 수 있을지는 미지수다. AI 러시로 반도체 호황이 기대된다는 뉴스는 많지만 정작 메모리 반도체에 강한 우리 기업들은 D램 수요 저하로 최악의 실적을 내고 있다. D램 세계 1위 삼성전자는 수요 부진에 결국 감산을 결정하기도 했다. 현재로서 가장 유력한 승부처는 여전히 시스템 반도체고 TSMC의 벽은 높다.

하지만 늘 반등의 기회는 있다. 구글이 반도체 독립을 선언했을 당시 삼성전자는 구글의 모바일 기기에 들어간 자체 칩 '텐서' 설계에 도움을 줬다. 그간 팹리스 기업들의 기술 유출 우려로 삼성전자의 발목을 잡아 온 설계 역량이 빛을 본 케이스다. 파운드리 분사가 꼭 정답이 아닐지도 모른다. 테슬라의 완전자율주행(FSD) 칩도 TSMC가 맡고 있지만 운영 체제(OS)에 칩을 최적화하는 작업을 삼성전자가 일부 맡고 있다. 그간 TSMC의 "고객과 경쟁하지 않는다"는 경영 철학은 기술 유출을 우려한 반도체 설계 기업들에 매력 포인트였다. 하지만 시시각각 변하는 반도체 시장에서 이 원칙은 불변의 진리가 아닐지 모른다. ⓣ

쿠팡이 3월 27일 풀필먼트 서비스 '로켓 그로스'를 도입한다고 밝혔다. 판매자가 수량, 가격, 할인율을 설정하면 쿠팡이 수요 예측을 분석해 물류 센터 입고 요청을 하고 이후 보관, 포장, 배송, 반품 등의 CS까지 맡아준다. 쿠팡 물류 센터에 물건이 있으니 로켓 배송 효과가 난다. 쿠팡 내 다른 택배를 사용하던 일반 판매자의 상품이 로켓 배송에 편입될 수 있고 이참에 쿠팡으로 갈아타는 판매자가 여럿 나올 수 있다. 이커머스와 택배 업계는 긴장하고 있다. __ 이현구 에디터

쿠팡은 주로 생활과 밀접한 상품을 판다. 쿠팡에서 뭔갈 산다면 당장 필요하니 빨리 와야 하거나, 자주 쓰니 저렴해도 괜찮은 상품이다. 쿠팡은 다이소처럼 생활 전반을 파고들었고 저렴한 제품을 빠르게 배송해 지금의 자리에 올랐다. 그러나 가격 경쟁력과 신속한 배송엔 값이 든다. 그 값을 이제껏 누군가 치러왔을 뿐이다. 쿠팡이 몸을 틀면 대중의 소비 생활에도 영향이 간다. 업계의 지각 변동과 쿠팡의 전략을 분석해 그 여파를 짚어본다.

©사진: jiaweizhao

왕좌의 게임

2022년 국내 이커머스 업계엔 지각 변동이 있었다. 삼파전이던 게임이 쿠팡과 네이버의 양강 구도로 정리됐다. 새로운 도전자들은 1세대 이커머스를 흡수하며 이합집산을 연출했다. 지마켓을 품은 이베이코리아를 품은 신세계는 SSG닷컴과 시너지를 내지 못하고 3강 구도에서 탈락했다. 큐텐은 지마켓 신화를 만든 구영배 대표 체제 아래 티몬과 위메프, 인터파크 커머스 부문을 흡수하며 영향력 확대를

노리고 있다. 아마존은 11번가를 통해 해외 직구를 늘렸다. 잔혹사
끝에 왕관을 거머쥔 건 쿠팡이었다.

쇼핑은 배송이다

쿠팡과 네이버는 다양한 승부처에서 전면전을 벌인다. 그중
소비자의 체감이 큰 건 역시 배송이다. 쿠팡은 이미 '로켓 배송'과
'쿠팡맨(친구)'으로 택배의 리브랜딩에 성공한 바 있다. 컬리도 신선
식품의 '새벽 배송'으로 이미지를 선점했다. 네이버는 고심 끝에 지난해
12월 배송 지연 시 보상금을 주는 '도착 보장'을 내걸었지만 론칭 한
달의 이용률은 10.5퍼센트에 그쳤다. 소비자는 빠른 배송을 원한다.
쿠팡은 이 지점을 파고들었고 로켓 배송을 늘리기로 한다.

CJ대한통운은 '택배'를 '오네'로 바꿨지. 기사님은 그럼 오네가이?

쇼핑은 물류다

사실 로켓 그로스는 원래 있던 서비스다. 쿠팡에서 '제트 배송'으로
분류되던 상품들이 그것이다. 쿠팡에서 우리가 만나볼 수 있는
상품은 세 종류다. 상품을 직매입해 파는 로켓 배송, 풀필먼트
서비스(3자 물류)를 통한 제트 배송, 셀러가 알아서 택배를 보내는
마켓플레이스(오픈 마켓) 상품. 이번 발표는 마켓플레이스 셀러들의
제트 배송 편입을 위한 접근성 강화와 절차 간소화 등이 골자다.
쿠팡의 속내는 단지 배송에서의 속도전이 아니라 풀필먼트 강화다. 3자
물류 시장을 잡겠다는 공산이다.

아마존을 따라가는 쿠팡

그간 쿠팡 매출 비중은 직매입이 90퍼센트였다. 왜 갑자기 3자 물류를
강화할까? 재고 부담이 없고 추가 투자 비용이 적기 때문이다. 쿠팡의
롤모델 아마존도 2015년 오픈 마켓 비중이 직매입 비중을 넘어서며
대규모 적자를 줄였다. 지금 아마존 내 풀필먼트바이아마존(FBA)의
비중은 60퍼센트에 육박한다. FBA는 쿠팡풀필먼스서비스(CFS)의
전신이다. 쿠팡은 올해 로켓 그로스의 비중을 20퍼센트까지 목표한다.
6조 원을 들여 구축한 물류 인프라의 추가 매출인 셈이다.

ⓒ사진: CHUTTERSNAP

알리바바를 따라가는 네이버

네이버도 풀필먼트(NFA)가 있다. 다만 대부분을 기존 택배 업체의
인프라에 기댄다. 신선 식품은 홈플러스, 생필품은 대한통운과 같은
식이다. 네이버는 CJ대한통운 등 택배 회사들과 물류 연합군을 꾸렸다.
필요한 인프라만 제휴하는 '에셋 라이트(Asset Light)' 방식이다.
알리바바가 이런 물류 생태계를 갖고 있다. 네이버는 3자 물류에
컨설팅 및 IT 서비스 제공을 결합한 4자 물류를 꿈꾼다. 시설 투자

비용이 매우 적어 인프라 확장성이 높지만 업체를 초월한 합배송이
불가한 게 약점이다.

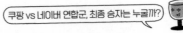

쿠팡 vs 네이버 연합군, 최종 승자는 누굴까!?

로켓 그로스의 함정

소비자 입장에선 쿠팡이 더 매력적일 수밖에 없다. 문제는 판매자들의
부담이 커질 수 있다는 점이다. 3자 물류는 전 과정에서 수수료가
과도하게 떼인다. 판매자가 수수료를 감안하고 원하는 것은 상품에
붙는 '로켓 배송' 등 배지와 로켓 필터 노출인데 이조차 함정이 있다.
로켓 그로스가 직매입보다 유리한 것은 상품 가격 설정의 자율성이다.
쿠팡의 로켓 그로스 홍보 영상에는 가격 경쟁력에 따라 배지 부착이나
필터 노출 여부를 결정하겠다는 단서가 있다. 알아서 싸게 올리라는
뜻이다.

잘 팔릴수록 힘들다

여기에 더해 판매자들 사이에선 쿠팡의 정산이 늦어지고 있다는
불만이 나온다. 2021년 쿠팡 등 대규모 유통 업자가 직매입 거래를 할
때 60일 안에 대금을 지급하게 하는 법안이 국회를 통과해 올해부터
적용되는데 쿠팡엔 허사였다. 유통 업계는 이미 통상 50일 안에 대금을
지급하고 있었기 때문이다. 쿠팡에게 대금 지급을 늦출 핑곗거리가
생긴 꼴이다. 대금 지급을 며칠만 늦춰도 쿠팡은 엄청난 이자 수익을
본다. 거기다 상품이 잘 팔릴수록 쿠팡의 생산 요구는 늘어나는데
입금은 늦어지니 판매자에게 유동성 문제도 생긴다.

쿠팡이 매출 1위로 올라설 수 있던 것에는 소비자의 신뢰가 있다. 쿠팡은 99퍼센트의 도착 보장률과 가격 경쟁력으로 구매력이 좋은 4060 신중년의 '최애 앱'이 됐다. 3자 물류의 확대는 늘 그랬듯 소비자에게 수혜로 작용할 것이다. 상품이나 배송에 문제가 있을 때 책임 소재나 대응에 있어 문제가 예상되지만 가격과 배송의 이점을 상쇄할 수준은 아니다. 투자자 입장에서도 쿠팡의 3자 물류 확대는 긍정적이다. 수익성이 개선될 여지가 크기 때문이다. 아마존의 클라우드 사업처럼 확실한 캐시 카우가 생길 때까지 쿠팡은 안정적으로 시장을 정리해 나갈 것이다.

　　쿠팡에 영광을 안겨준 것은 아마존식 '플라이휠' 전략이다. 이에 따라 '계획된 적자'로 이윤을 남기지 않고 시장을 잠식했다. 그 과정에서 쥐어 짜인 것은 판매자와 노동자다. 아무리 직매입 비중이 높아도 쿠팡은 중개형 플랫폼이다. 판매자도 고객인 셈이다. 자발적으로 가격 경쟁력을 요구하는 로켓 그로스는 네이버 스마트스토어가 판매자 수수료를 2퍼센트로 책정한 것과 대조적이다. 쿠팡은 2021년 기준 6만 8000명에 달하는 직원들의 고용주이기도 하다. 2020년 칠곡 물류 센터 근무 후 과로사한 노동자에 대해 산재가 인정됐지만 쿠팡의 대처는 미흡했다. 유가족은 결국 28일 쿠팡 측에 손해 배상 소송을 냈다. 쿠팡이 완전히 시장을 장악하고 플라이휠이 멈출 때 그 대가는 언제든 소비자에게 전가될 수 있다. ✆

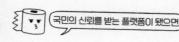

국민의 신뢰를 받는 플랫폼이 됐으면.

중국 빅테크 기업 알리바바가 사업 부문을 6개로 나눈다. 이번 발표는 창업자 마윈이 해외에 머물다 중국으로 돌아온 지 하루 만에 이뤄졌다. 2020년 마윈이 중국 금융 제도를 비판한 뒤, 알리바바는 빅테크 규제의 핵심 표적이 된 바 있다. 전문가들은 알리바바의 분할을 두고 중국 규제 당국의 승리라는 분석을 내놓고 있다. __ 정원진 에디터

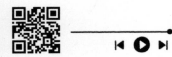

중국 당국의 승리라는 평을 받지만, 결과적으로 알리바바에도 호재로 작용하고 있다. 홍콩과 뉴욕 증시에 상장해 있는 알리바바의 주가는 13퍼센트 수직 상승했다. 시장 독점에 예민한 정부와 투자자 모두를 설득하는 데 성공했다는 뜻이다. 구글, 메타 등 정부의 반독점 규제에 직면한 다른 빅테크 기업에 던지는 함의가 크다. 기업 분할 릴레이의 신호탄이 될 수 있기 때문이다.

중국의 공룡 기업

알리바바는 마윈이 1999년 창업한 플랫폼 서비스 기업이다. 중국의 빅테크 공룡 중 하나다. 타오바오, 알리익스프레스 등 전자상거래 사이트를 포함해 영화, 음악, 간편 결제 서비스 등 다양한 분야에서 영향력을 끼치고 있다. 이미 2010년 알리페이를 운영하는 앤트그룹이 분사한 바 있다. 앤트그룹은 인터넷은행, 자산관리, 소액 대출, 펀드 등 사업체를 운영하며 몸집을 불렸다. 기업 가치가 2000억 달러가 넘을 것으로 평가받던 앤트그룹은 2020년 기업 공개(IPO) 계획을 내놨다. 하지만 중국 금융 당국에 의해 무기한 연기됐다.

©사진: rarrarorro

빅테크 때리기의 서막

345억 달러, 우리 돈 43조 원 이상의 역사상 최대 규모로 관심을 모은
기업 공개는 왜 아직 감감무소식일까? 이 같은 규제는 마윈 창업자와
중국 금융 당국 간의 예약 면담 다음 날 이뤄졌다. 당국은 2020년
10월 금융 컨퍼런스에서 마윈의 발언을 문제 삼았다. 마윈은 중국은
담보가 있어야 대출해 주는 '전당포 영업'에서 벗어나지 못하고 있다며
금융 제도의 낙후성을 공개 비판했다. 이 여파로 앤트그룹 상장은
무산됐으며 마윈은 앤트그룹에 대한 지배권을 내려놓았다.

중국은 왜

중국 정부는 빅테크 기업의 시장 지배를 탐탁지 않아 한다. 부의
독점은 '다 같이 잘 살자'는 시진핑 주석의 공동부유(共同富裕)론에
반하는 것이기 때문이다. 장기 집권에 성공한 시진핑에게는 사상적
근거가 중요하다. 공동부유론의 본질은 재분배다. 정치와 경제를
구분해왔던 중국이 경제까지 사회주의로 돌리겠다는 뜻이다. 이러한
기조하에 중국 정부는 기업의 기부를 독려하고, 사회적 책임보다
이익을 우선시하는 기업에 관해서는 조사를 진행하기도 했다.
알리바바는 2021년 4월 반독점법 위반으로 182억 위안, 우리 돈 3조
4400억 원에 달하는 벌금을 냈다.

> 빅테크 기업들이 연이어 기부한 것도 이와 무관치 않아

돌아온 마윈

1여 년간 해외에 머물던 마윈은 국유기업은 강해지고 민영기업은

퇴장한다는 '국진민퇴'의 대표적인 사례였다. 그런 마윈이 돌아왔다. 로이터 통신에 따르면, 중국 정부가 마윈의 귀국을 요청한 것으로 알려졌다. 권력을 확보한 시진핑 주석의 다음 단계는 친기업적 이미지를 확보하는 것이다. 코로나 봉쇄의 경제적 여파가 이어지는 상황에서 '빅테크 때리기' 이미지가 국내외 투자를 방해하고 있기 때문이다. 리커창의 후임 리창 총리는 보아오 포럼 개막 연설에서 '차이나 리스크'를 줄여 기업에 좋은 환경을 만들겠다고 밝혔다.

 보아오 포럼은 중국의 다보스 포럼 같은 거야

마윈의 넥스트 스텝

대외적으로 마윈은 지배력을 잃었지만, 실질적인 영향력은 건재하다. 영어 교사를 하다가 기업인으로 변신해 알리바바의 성공을 이끈 마윈은 중국에서 '신경제'의 영웅으로 통한다. 은둔 생활 동안 마윈은 일본, 태국 등을 돌며 식량 자원을 집중적으로 연구한 것으로 전해진다. 마윈은 전부터 기술과의 결합을 통한 농업의 현대화가 중국 경제에 중요한 부분이라고 설명했다. 중국 정부는 매년 '중앙 1호 문건'으로 최우선 과제를 밝히는데, 올해 문건에는 농촌진흥방안이 담겼다. 미중 갈등 등 커지는 지정학적 위기 속, 식량 안보에 집중하겠다는 뜻이다. 중국 정부와 마윈 사이 교류가 있었는지에 대해서 정확히 밝혀진 바는 없지만, 중국이 주목하는 미래 산업에 대한 상상력을 펼쳐 볼 수 있다.

새로운 알리바바

알리바바그룹 분할에도 마윈의 공이 컸다. 《월스트리트저널》은 마윈이

이번 결정에 큰 역할을 했다고 보도했다. 마윈은 수 개월간 전화로
장융 알리바바 CEO에게 회사 분할을 통해 몸집을 줄이고 민첩성을
강화할 것을 촉구해 왔다고 전해진다. 그 결과, 알리바바는 컨트롤타워
역할을 하는 지주회사로 전환하고 산업을 6개 부문으로 나눴다.
클라우드, 전자상거래, 스마트 물류, 미디어 산업 등 각각 별도의
이사회를 구성해 운영한다. 장융 CEO는 시장 변화에 빠르게 대응할 수
있을 것이라 설명했다.

기업 분할 흐름의 신호탄?

결과적으로 정부 규제라는 리스크가 해결되면서 알리바바의
주가도 크게 뛰었다. 기업 분할로 알리바바는 개별 사업의 IPO까지
가능해졌다. 골드만삭스는 알리바바와 알리클라우드의 기업 가치를
합치면, 주당 137달러 수준이 될 것이라 전망한다. 알리바바의 발표가
나온 후, 중국의 또 다른 전자상거래 기업 징둥닷컴은 징둥공업과
징둥산발을 홍콩증시에 독립 상장하겠다고 밝혔다. 텐센트, 바이두도
이같은 전략을 따를 수 있다는 전망이다. 월가는 사업 구성이 아마존과
비슷하고, 모두 독점 금지 규제 대상이라는 점에서 알리바바의 행보를
주목하고 있다.

IT MATTERS

알리바바는 기업 분할로 정부와 투자자를 모두 달래는 데 성공했다는
평을 받는다. 중국을 벗어나 다른 나라 기업에 주는 함의도 크다.
미국과 유럽은 일찍이 플랫폼 기업의 독과점 문제에 대응해 왔다.
올해 1월 미국 법무부는 디지털 광고 시장에 대한 지배력 남용을

이유로 구글에 반독점 소송을 제기했다. EU 집행위원회는 온라인 광고 시장에서 메타를 주시해 왔다. 반독점법 위반을 이유로 최대 118억 달러, 우리 돈 15조 원에 달하는 벌금을 부과할 수 있다는 전망도 나온다.

투자 흐름도 거대 기업에서 작고 효율적인 기업으로 향하고 있다. 미중 갈등, 러시아-우크라이나 전쟁으로 인한 경제 불확실성이 커지는 상황에서 투자자들은 기업의 민첩성을 더 중요하게 여긴다는 것이다. 실제로 존슨앤존슨, 제너럴일렉트릭 등 대기업이 잇달아 기업 분할을 시도하고 있다. 아마존, 구글에 대한 기업 분할 요구도 커지고 있다. 더 엣지 리서치의 설립자 짐 오스만은 아마존이 기업 분할을 하면 2년 안에 주가가 200달러까지 상승할 수 있다고 전망했다. 또 구글은 반독점 조사를 피하기 위해 유튜브 분사를 고려해야 한다고 설명했다. 이런 상황 속, 알리바바의 기업 분할은 전 세계 빅테크 기업의 본보기가 되고 있다. ⊤

월스트리트 저널이 미국 성인 1000여 명을 대상으로 설문한 결과, 전체 응답자의 56퍼센트가 4년제 대학 진학이 나쁜 선택이라고 판단했다. 대학 진학 회의론은 18세에서 34세 젊은 층에서 가장 강했고, 여성과 노인에게서 두드러지게 높아졌다. 대학을 믿는 65세 이상 응답자는 2017년 56퍼센트에서 44퍼센트로, 여성은 54퍼센트에서 44퍼센트로 떨어졌다. __ 김혜림 에디터

미국의 젊은 세대는 대학을 정치적 올바름이라는 이념적 주장이
오가는 전쟁터이자 낭비라고 판단한다. 대학의 실패이자 지성의
좌절이다. 불신의 주된 이유에는 경제적 논리가 자리한다. 비싼
등록금이 보장하지 못하는 미래, 현실과는 먼 대학의 가르침이 그 핵에
위치한다. 지금 대학 수업은 실용적이지 않다. 올바름에 대한 판단을
가르치는 교양 수업은 공감되지 않는 성가신 대상이다. 한국 대학도
유사한 위기를 앞두고 있다. 이 위기의 본질을 간파하지 못한다면
대학은 그 존재 의의를 잃을지 모른다.

엘리트주의와 좌익 정치의 요람

2008년 금융위기 이후 증가하던 미국의 대학 회의론은 팬데믹 시기
급물살을 타게 된다. 지난 10년간 미국의 대학 진학률은 15퍼센트
감소했다. 회의 여론의 중심에서도 아직 대학을 믿는 자들의 형상은
뚜렷하다. 민주당원, 대학 학위를 이미 가진 사람, 연간 10만 달러
이상을 버는 사람. 대학이 엘리트만을 위한 폐쇄적 공간이자, 좌익
정치의 요람이 됐다고 판단하는 근거가 아예 없는 것은 아니다.

5200만 원의 대학 졸업장

미국인의 평균 학자금 대출 잔액은 4만 달러다. 한 명의 학생이
4년간 대학을 다니기 위해 짊어져야 하는 돈이 5200만 원을 넘는다.
학부생의 30퍼센트는 연방정부에서 학자금을 빌리고, 13퍼센트는
은행과 같은 민간 기업에서 학자금을 빌린다. 사채로 학자금을 빌린

학생의 2퍼센트는 채무 불이행 상태가 된다. 재학 중 필요한 생활비는
신용카드와 주택 담보 대출이 감당한다. 미국 성인의 20퍼센트는
학부생 시절 빌린 부채가 미납된 상태다. 한 해에 교육비로 4만 달러를
지출할 수 없는 대졸자들은 사회에 던져질 때부터 이미 '채무자'다.

교육이 곧 채무인 시대에요

5200만 원의 기회비용

채무자가 되면서까지 대학생이 돼야 했던 이유는 간단했다. 계층
이동을 위해 학위가 필수적이었기 때문이다. 2008년은 이 공식에
균열을 낸다. 금융위기에 대응하며 연방과 주 정부는 고등 교육 자금을
대폭 삭감했다. 학교는 등록금을 인상했고, 개인의 빚도 늘었다. 계층
이동을 위해 자녀의 대학 진학을 택했던 이들은 주택 자금, 저축
비용을 희생했다. 자녀는 대학을 졸업하고 매달 100달러가 넘는
상환금을 갚는다. 부모의 노후 자금은 이미 모두 자녀의 대학 졸업장에
녹았다.

©사진: JD8

백지장이 된 졸업장

지금 대학의 위기는 대학 진학이 계층 이동을 보장했던 과거의 공식이 무너지는 데서 기인한다. 대학은 더 밝은 미래, 더 나은 직장, 더 높은 소득을 보장하지 못한다. 양질의 일자리에 취업하기 위해서는 대학 졸업생만이 아닌, 수많은 경력자와 겨뤄야 한다. 평직원에서 고위 관리로 이동하는 것은 평생직장이 사어가 된 시대에서 꿈꾸기 어려운 미래다. 대학에서 배우는 학문이 바로 직업 현장에 투입될 지식을 보장하지도 않는다. 음악학 석사 학위를 갖고 오케스트라에서 연주하는 것보다 용접을 배워 용접공으로 일하는 것이 안정적인 생활을 보장한다.

 교육이 안정적인 삶을 약속했던 건 과거의 이야기가 됐어요

경제적 재화, 교육과 지성

기회 사다리로서의 대학은 이미 폐허가 됐다. 대학 진학을 결심하는 것과 졸업 자체가 특권이 된 상황에서 대학이 엘리트의, 엘리트를 위한, 엘리트에 의한 것이라는 판단은 논리적인 귀결이다. 인류학자 데이비드 그레이버(David Graeber)는 2011년 월가 점령 시위 이후 다음과 같이 말한다. "학생들은 교육이 경제적인 재화로 다뤄진다는 것에 분노했다. 학생들은 교육은 그 자체로 가치라고 주장했지만, 이런 논리는 급진적이라 여겨졌다." 현대의 대학은 재화다. 교육은 특권이다. 지성은 불필요하다. 민주당원은 이 여론을 따라가지 못하고, 공화당원은 그를 이념적 근거로 이용한다.

좌파 이데올로기 세뇌의 기지

공화당원에게 대학 교수의 교육은 학생들을 진보적, 좌파적 이데올로기를 세뇌하는 도구다. 텍사스의 주지사 댄 패트릭(Dan Patrick)은 "종신 교수는 '학문의 자유'라는 문구 뒤에 숨어서 미래 세대의 마음을 독살하고 있다"고 언급하기도 했다. 플로리다의 주지사 론 드샌티스(Ron DeSantis)는 직접 공립대학인 플로리다 뉴 칼리지의 이사회를 점검하고, 수업에서 비판적 인종 이론과 젠더 이데올로기를 교육하지 못하게 했다. 도널드 트럼프 전 대통령은 지난 1월, 비판적 인종 이론과 성별 이데올로기 등을 가르치는 학교는 연방 기금을 삭감해야 한다는 요의 교육 개혁을 제안했다. 이들에게 있어 대학에서 이뤄지는 페미니즘 교육, 어퍼머티브 액션은 계층 간 갈등을 부추기는 사회악이다.

가진 것들의 배부른 소리

공화당원의 과격한 주장이 힘을 얻는 이유는 간단하다. 민주당의 의제가 사라졌고, 대학이 수행했던 본래 기능이 힘을 잃었기 때문이다. 대학 교육은 계층 사다리를 보장하지도, 사회 공통의 문제의식을 설정할 수도 없다. 공화당을 지지하는 젊은 층, 나아가 대학에 진학할 여유가 없는 젊은이에게 대학 교육은 '가진 이들을 위한 배부른 소리'다. 인종 차별이 개인적 문제가 아니라, 구조적이고 제도적인 문제라는 진단이나, 페미니즘의 사상적 전통은 4만 달러의 값을 주고 듣고 싶은 지식이 아니다. 지금의 대학 교육 방법론은 미래를 위한 토론 논제를 설정해야 한다는 의무조차 책임감 있게 수행하지 못하고 있다.

©사진: Iryna

IT MATTERS

현재 정치적 올바름과 다양성의 논리에 대항하는 가장 큰 적은 공정과 실용이라는 손에 잡히는 가치다. '나사(NASA)'는 냉전 시기보다 다양한 모습의 우주를 위해 달에 여성과 흑인을 보내지만, '블루 오리진'과 '스페이스X'는 그렇지 않다. 전자는 다양성이라는 가치를 좇지만, 후자는 공정과 실용이라는 기준을 따른다. 대학이 미국의 젊은 세대에게 외면받기 시작했다는 것은 이들이 지지하는 공정이라는 최신의 가치와 경제적이라는 기준에 대학이 제대로 답하지 못하고 있다는 증거다.

미국의 대학 불신은 신기한 사례처럼 보이지만, 한국과 마냥 먼 이야기는 아니다. 대학이 좋은 직업을 보장하지도 못하고 실용적이지 않은 고담준론만 오가는 공간이라면, 한국의 대학도 존재 가치를 쉽게 잃을 수 있다. 교육도 소비자의 변화에 맞춰야 한다.《왜 이대남은 동네북이 되었나》의 저자 이선옥은 지금의 페미니즘 담론을 비롯한 PC주의 논의가 불공정하다고 주장한다. 이 주장에 대응하지 못할 때, 올바름의 기준을 말하는 교육은 목적지의 반절을 잃는다.

기회가 수축하는 시대다. 자신을 노블리스라고 생각하는 젊은이가 사라진다는 말이다. 시대의 흐름에 맞춰 PC주의도 경제적인 논리, 공정이라는 가치를 새로운 무기로 삼을 수 있다. 약자를 위해 자리를 내줘야 한다는 착한 이야기를 넘어 다양한 이들에게 자리를 내주는 것이 왜 좋은지를 설득해야 한다. 다양한 출신의 사람을 직원으로 모은다면 더 많은 소비자를 위한 제품을 만들어 낼 수 있다. 외국인을 편견 없이 받아들인다면 노동력 부족을 해결할 수 있다. 직장에 출산 경력이 있는 여성이 는다면 모두가 당당히 육아 휴직을 외칠 수 있다. 세상에 존재하지 않았던 여성 사이즈의 우주복이 탄생한 건 그런 '경제적인' 이유에서다. ●

톡스에서 내 일과 삶을 변화시킬 레퍼런스를 발견해 보세요.
사물을 다르게 보고 다르게 생각하고 세상에 없던 걸 만들어 내는
혁신가를 인터뷰했어요.

좋아하는 노래를 공유하는 것은 취향을 선언하는 일이기도 하다.
유튜브 플레이리스트를 캡처한 SNS 공유 게시물을 어렵지 않게 볼
수 있다. 취향을 듬뿍 담은 콘텐츠로 16만 명의 사랑을 받고 있는
브랜드가 있다. 그들은 무언가를 좋아하는 일엔 '꾸준하지만 무겁지
않은' 노력이 필요하다고 말한다. 디깅(digging)의 시대, 나의 취향은
무엇인가? 취향은 어떻게 커리어가 되나? 유튜브 플레이리스트 채널
Ode Studio Seoul 크루를 만나 물었다. __ 정원진 에디터

Ode Studio Seoul은 무슨 뜻인가?

우리가 좋아하는 모든 것들에 보내는 헌사다. 오드(Ode)는 그리스어로
누군가에게 부치는 서정시라는 뜻이다. 그 앞에는 어떤 것도 올 수
있다. 평소 도시 DNA가 녹아 있는 브랜드를 멋지다고 생각해 왔다.
크루원 모두 서울에서 만났고 서울에 살고 있기 때문에 자연스럽게
'서울'을 붙였다.

친구들끼리 시작한 브랜드라고 들었다.

주혜, 유진, 이령, 총 세 명이다. 각자 직업이 따로 있고 오드 스튜디오
서울은 사이드 프로젝트다. 같은 과 동기·선후배 관계고 유진을
연결고리로 모였다. 서로 좋아하는 것을 공유하면서 친해졌다. 그러다
보니 취향이 잘 맞는 사람끼리 재미있는 것을 해보자는 얘기가
자연스럽게 나왔다.

왜 플레이리스트 채널이었나?

처음부터 유튜브 플레이리스트 채널을 하려고 한 것은 아니다. 스마트
스토어가 시작하기 쉽다고 하던데 뭐라도 만들어서 팔아 보자,
스마트폰 케이스·그립톡은 왜 귀엽거나 올드한 디자인밖에 없을까,
그럼 우리가 만들어 보자, 이렇게 된 것이다. 유튜브 플레이리스트는
브랜드의 홍보 수단이었다.

16만 명 구독자를 모을 줄 알았나?

몰랐다. 크루원 모두 미디어를 전공했다. 지금은 우리가 잘할 수 있는
게 이쪽인 것 같아서, 물건 만들어서 파는 것은 접고 콘텐츠 제작으로
아예 방향을 틀었다.

브랜드 정체성을 가지고 시작한 플레이리스트는 무엇이 다른가?

애초에 타깃을 정하고 시작했다는 점이다. 타깃은 20대 여성, 딱 우리
또래였다. 크루원 모두 좋아하는 게 비슷하니까 우리가 좋아하는 것을
좋아하는 사람들이 더 있지 않을까 하는 생각이었다. 우리가 좋아하는
제품, 공간, 브랜드를 많이 참고했다.

플레이리스트 '힙합과 재즈가 만난, 톰미쉬의 노래들' 섬네일 ⓒOde studio seoul

선곡에도 크루원들의 취향이 반영되는 것인가?

그렇다. 공연 보고 음악 듣는 것을 즐길 뿐 전문성을 갖추고 있는

것은 아니다. "그냥 우리가 좋아하는 것으로 만들어 보자"며 초반 플레이리스트는 평소에 즐겨 듣던 가수, 노래로 채웠다. 그런데 반응이 온 것이다. 이후에는 구독자 피드백과 시즌적 특성 등을 파악해 우리의 취향과 엮고 있다. 어떻게 보면 우리의 취향을 콘텐츠화하는 것이다.

내가 좋아하는 것을 남들도 좋아해 주다니, 왠지 뿌듯할 것 같다.

구독자 10명에서 1000명 되던 시기가 가장 신기했다. 초반 구독자는 다 지인이었다. 그러다가 아예 모르는 사람들이 댓글을 남기고 블로그에 우리 채널을 소개하기 시작했다. 브랜드 분석을 해 놓은 글도 있었다. 우리보다 우리를 더 잘 알고 있었다. (웃음) 도쿄 여행 정보를 찾으러 들어간 블로그에서 우리 플레이리스트를 소개한 글을 봤을 때도 정말 뿌듯했다.

나만의 취향을 찾는 방법이 있나.

취향은 발견보다 재발견이란 단어가 더 어울리는 것 같다. 좋아하는 음악을 찾았는데 알고 보니 즐겨 듣던 가수의 노래인 경우가 많다. '이게 내 취향이었구나'를 깨닫는 과정 같다. 새로운 것 100개를 봐도 내가 좋아하는 것만 좋아하게 되지만 결국 그걸 깨닫기 위해서 100개를 봐야 한다.

플레이리스트 '초여름의 피크닉' 섬네일 ⓒOde studio seoul

디깅의 일상화 같은 건가?

그렇다. (웃음) '우리가 사랑하는 도시의 노래들' 시리즈는 실제로
좋았던 도시들을 담았다. '한여름의 오슬로 여행', '도쿄의 밤 산책',
'서울이 시티팝을 만나면' 등은 모두 경험에서 나온 플레이리스트다. 내
안에서 만들어진 것들을 엮고 엮으면 콘텐츠가 된다. 섬네일 이미지도
각자 교환학생 때 찍어 놓은 것들을 활용하고 있다.

플레이리스트 제목 선정 기준도 궁금하다.

일단 많이 덜어내고자 했다. 담백한 제목을 지향한다. 그게 지금
플레이리스트 제목 시장의 블루오션이라고 생각했다. 하지만 적당함과
과함의 기준은 늘 애매하다. 한 사람이 정하면 나머지 두 사람이 가장
까다로운 구독자가 되어준다. 내부에서 동의가 안 되고 설득이 안 되면
구독자에게도 마찬가지다. 세 크루원 모두 만족하는 것이 기준이다.

수익은 만족스러운가?

플레이리스트 채널의 특성상 유튜브 광고 수익은 저작권자에게
돌아간다. 처음에는 플레이리스트를 홍보 수단으로만 생각했기 때문에
수익을 고려하진 않았다. 지금은 브랜드 협업으로 수익을 얻고 있다.
상상도 하지 못했던 일이다.

플레이리스트 '비 오는 날 미술관에서, 재즈' 섬네일 ⓒOde studio seoul

더현대, 쏘카, 비이커 등 브랜드 협업은 어떻게 진행하게 됐나.

파주에 위치한 블루메 미술관에서 첫 콜라보 요청을 받았다. 'Ode
Studio Seoul X Blume Table' 시리즈로 플레이리스트를 올렸다. 해당
콜라보 반응이 좋아서 이후 협업 문의가 자연스레 상승했던 것 같다.

브랜드 정체성이 확고하기 때문에 콜라보 요청도 오는 것 같다.

시간이 한정되어 있어 많은 것을 시도할 수는 없고, 그러다 보면 계속

하는 것만 하게 된다. 매력적인 콘텐츠는 익숙함 70과 새로움 30으로 이루어져 있다는 생각을 한다. 협업 콘텐츠를 제작하다 보면 템플릿과 선곡 등 새로움 30에 더 많은 시간을 들이고 새로운 도전도 된다. 결과적으론 브랜드 이미지가 더 다채로워지는 계기가 되었던 것 같다.

플레이리스트가 마케팅 방법의 하나가 됐다. 음악이 주는 힘은 무엇이라고 생각하나.

'1990, 서울' 플레이리스트는 조회수 대비 댓글이 많다. 90년대 서울이 얼마나 좋았는지를 추억하거나, 그 시절을 경험해보지 못해서 아쉽다는 내용 등이다. 댓글로 작은 커뮤니티가 형성되기도 한다. 다른 데서 하기 쉽지 않은 얘기를 꺼내놓는다. 음악이 그 장벽을 낮춰주는 것 같다.

더현대와의 콜라보 프로젝트 중 '뜨거웠던 지난 여름날들'의 섬네일 ⓒOde studio seoul

각자 현업이 있다. 역할 분담은 어떻게 하나.

평소에는 비슷하게 나눠서 하다가, 콜라보가 많아지면 프로젝트별로

담당자를 정한다. 소셜미디어 관리나, 유저 데이터 분석 등 정기적인
업무를 나누기도 하고, 협업 콘텐츠마다 PM(Project Manager)을 나누어
분담하기도 한다. 엄격하게 업무를 정해놓지 않으려 한다. 너무 일처럼
느껴지지 않도록 하고 있다.

사이드 프로젝트는 많은 직장인의 꿈이지 않나. 이어가는 동력이
궁금하다.

퇴근하면 에너지가 소진되는 것은 마찬가지다. 혼자 있으면 게을러서
못 했을 것이다. 서로가 서로에게 모티베이션이 된다. 취향을 공유할 수
있는 누군가가 있다는 것이 힘이 된다. 주변에서도 사이드 프로젝트로
브랜드를 운영한다는 것보다 같이 이어나갈 친구가 있다는 것을 더
신기해한다. 좋아하는 것을 찾았을 때 친구들에게 공유하고 싶던
마음이 사이드 프로젝트까지 확장된 것이다.

16만 명의 사랑을 받는 오드 스튜디오 서울은 원대한 사이드
프로젝트로 남는 것인가?

일이 아닌 무언가로 남겨두는 것 자체가 비전이다. 크루원 모두에게
전업이 아니기 때문에 유지되는 것이라 생각한다. 사이드 프로젝트가
반대로 일에도 도움이 된다. 좋아하는 것도 '일'이 되면 거기서 오는
스트레스가 생길 것이다. 오드 스튜디오 서울은 삶의 활력소이자
탈출구로 남겨두려 한다. 무언가를 좋아하는 일의 핵심은 무겁지 않은
꾸준함이다. ❶

Ode®

Ode Studio 로고 ©사진: Ode Studio Seoul

어떤 도시를 방문할 기회가 생기면 그 도시의 현대미술관을 꼭 가보는 편입니다. 바쁜 일정 중 잠깐이나마 여유를 느낄 수 있는 장소라 좋아요. 최근 출장 차 방문한 프랑크푸르트에서 짬 내어 들른 현대미술관은 채광을 잘 활용한 전시 공간이 매우 매력적이었답니다! ©사진: 유진

차 마시는 걸 좋아해요. 평소엔 따뜻하게 때론 차갑게, 계절이나 기분에 따라 달리 즐겨요. 암스테르담 oficina 라는 카페에서 마신 Kukicha 가 최애 중 하나! 산뜻하면서도 특이한 녹차 맛이라 한국에도 사 왔답니다. ©사진: 주혜

©사진: Ode Studio Seoul

좋은 기억을 향기로 되새기곤 합니다. 지난 여행과 일상, 순간의 감정과 기분을 향취로 회상할 때 행복해져요. 작년 저의 생일날 부아시의 조향 워크숍에서 지구상에 하나뿐인 저만의 취향 100퍼센트 향수를 만들었어요. 향료를 직접 다뤄본 적은 처음이라 기억에 남습니다. ©사진: 이령

Ode Studio Seoul®

롱리드는 단편 소설 분량의 지식 콘텐츠예요. 깊이 있는 정보를 담아요.
내러티브가 풍성해 읽는 재미가 있어요.
세계적인 작가들의 고유한 관점과 통찰을 만나요.

비움은 사랑이다

우리 시대의 혼란스러운 아이러니 중 하나는, 예전에는 문명화의
과시를 숭배했더라도 이제는 현대적인 습관과 기술에 대한
불신이 만연하다는 것이다. 자동차는 도시를 망쳤고, 사람들을
파편화시켰으며, 대기를 오염시켰다. 플라스틱은 바다를 오염시켰다.
이제 우리는 변기도 의심스러운 눈으로 보게 되었다. 그래서
스쿼티포티 위에 잠시 올라가 있는 동안 좀 더 자연스러운 상태로
되돌아갈 수 있다는 그들의 말에 솔깃함을 느낀다.

_ 알렉스 블래스델(Alex Blasdel)

©일러스트: Guardian Design

미국 드라마 〈브레이킹 배드(Breaking Bad)〉의 주인공 역할을
맡았던 브라이언 크랜스턴(Bryan Cranston)은 결혼 27주년 기념일을
맞이해 아내인 로빈에게 선물을 주면서 이렇게 말했다. "이게 당신
인생에서 최고의 똥을 선사할 거야. 장담할게." 그가 선물한 것은
스쿼티포티(Squatty Potty)였다. 스쿼티포티는 약 18센티미터 높이의
플라스틱 스툴로, 변기의 아래쪽을 둘러서 감싸게끔 휘어져 있는
모양이다. 독실한 모르몬교 신자인 여성과 그녀의 아들이 디자인했으며
최근에 큰 인기를 얻었다. 이처럼 반쯤 내려간 스쿼트 자세로 볼일을
보면, 몇 세기 동안 익숙해져 있던 좌식 변기는 어느새 바닥의
구덩이처럼 좀 더 원시적인 것으로 변해버린다. 스쿼티포티를 만든
이 가족은 이러한 자세가 대장의 일부인 결장(結腸)을 곧게 펴줘서
배설물이 창자에서부터 변기까지 곧장 빠져나갈 수 있게 해 준다고
한다. 그러면서 복부 팽만과 변비, 그리고 치질을 일으키는 압박감을
줄여 준다고 한다. 2016년에 미국의 낮 시간 토크쇼에 나와서 이
선물에 대한 이야기를 풀어놓던 크랜스턴은 이렇게 말했다. "비움은

사랑입니다."

2011년에 처음 출시된 후 2018년까지 스쿼티포티의 판매량은 500만 개가 넘는다. 샐리 필드(Sally Field)나 지미 키멜(Jimmy Kimmel)과 같은 유명인들이 스쿼티포티에 대해 열변을 토했으며, 농구계의 슈퍼스타인 스테판 커리(Stephen Curry)는 자택의 모든 화장실에 이걸 하나씩 두고 있다. 거침없는 발언으로 유명한 방송인 하워드 스턴(Howard Stern)은 2013년에 스쿼티포티를 처음 사용해 본 후 이렇게 말했다. "저는, 그러니까, 완전히 없애 버렸어요. 믿을 수 없었어요. 비워냈다는 걸 느꼈어요. 저는 마치 이런 기분이었어요. '홀리 쉿(holy shit·'이런 젠장' 혹은 '성스러운 똥'이라는 이중적인 표현을 가진 중의적인 표현).'" 스쿼티포티는 〈새터데이 나이트 라이브(SNL)〉에서 농담의 소재가 됐고, 드래그 퀸(drag queen)의 여왕인 루폴(RuPaul)에게는 엄청난 찬사를 받았다. 스쿼티포티 유한회사(Squatty Potty LLC)가 연 매출 3300만 달러를 달성하자, 미국의 비즈니스 채널인 CNBC는 2018년 1월에 이 제품을 "광신적 괴물(cult juggernaut)"이라고 묘사했다. CNBC는 이전에 리얼리티 창업 프로그램인 〈드래곤스 덴(Dragon's Den)〉의 미국 버전을 통해 스쿼티포티를 소개하면서 이 제품이 인기를 얻는 데 도움을 줬다.

스쿼티포티가 성공할 수 있었던 데에는 2015년 10월에 공개된 '이 유니콘이 똥 싸는 방법을 바꿨어요(This Unicorn Changed the Way I Poop)'라는 제목의 온라인 광고가 나름의 기여를 했다. 그 이후로 이 동영상의 조회 수는 4000만 회가 넘는다. 이 동영상에는 만화 캐릭터 같은 특이한 유니콘이 스쿼티포티 위에 뒷발을 걸치고 있고, 유니콘의 엉덩이에서는 무지개 빛깔의 소프트아이스크림이 나와서 콘 위에 내려앉는다. 그리고 그 옆에서는 동화 속의 멋진 왕자님이 쪼그려 싸기의 장점에 대해서 자세히 설명한다. "아이스크림, 유스크림, 풍덩

풍덩 베이비!" 영상의 마지막이 되면 왕자님이 한 무리의 아이들에게 아이스크림을 나눠준다. "어때, 맛있니? 지금까지 먹어 본 아이스크림 중에서 최고지?"

초기에만 하더라도 많은 사람은 이 발판을 그저 장난스러운 크리스마스 선물 정도로만 생각했다. 하지만 스쿼티포티는 마치 뽀송뽀송한 리넨 침구류나 프렌치 불도그처럼 그것을 가진 사람들에게 엄청난 영향력을 발휘하기 시작했다. 챔버거스(chamburgers)라는 별명을 사용하는 레딧(Reddit) 이용자는 최근에 이런 글을 올렸다. "제가 스쿼티포티를 하나 갖고 있는데, 여러분께 말해야겠습니다. 이건 여러분의 삶을 망칠 겁니다. 저는 이제 스쿼티포티가 있는 집이 아니면 그 어느 곳에서도 똥을 쌀 수 없습니다. 어쩔 수 없이 직장에서 똥을 싸야 할 때면, 만족스럽지 못한 기분이 남습니다. 마치 축축한 침낭 안으로 기어 들어가는 것 같습니다." 어머니와 함께 스쿼티포티를 발명한 바비 에드워즈(Bobby Edwards)는 이런 사람들을 '전도사'라고 부른다. "그들은 저녁 만찬에서, 그리고 가능한 어느 곳에서든 스쿼티포티 이야기를 합니다. 스쿼티포티가 자신의 삶을 어떻게 바꿨는지에 대해서 말이죠." 그는 거의 얼떨떨한 목소리로 말했다.

스쿼티포티의 인기, 그리고 그에 맞서는 많은 유사품의 존재는 지난 10년 동안 서구에서 '똥을 완전히 잘못 누고 있다'라는 불안감이 점점 커져 왔다는 것을 보여주는 분명한 신호라고 볼 수 있다. 최근 몇 년 동안 《멘즈 헬스(Men's Health)》, 《제저벨(Jezebel)》, 《클리블랜드 클리닉 의학 저널(Cleveland Clinic Journal of Medicine)》과 같은 매체들은 물론이고, 《본 아페티(Bon Appétit)》와 같은 음식 매거진에서도 이와 비슷한 제목의 기사들을 뽑았다. 이 문제는 인류가 진화하며 물려받은 자연스럽게 쪼그려 앉는 자세를 포기하고 세라믹 왕좌(porcelain throne)라 불리는 변기에 정착하면서 생겨난 것이다. 다시 말해서, 우리는 장 트러블이라는 질환을 스스로 소환한 것이다. 미국만 하더라도 치질로 고통받는 사람은 수백만에 달하는데, 일부에서는 그 수치를 1억 2500만 명까지 추산하기도 한다. 그리고 그 외에도 수백만 명이 장염과 같은 관련 질환을 겪고 있다.

질병이 생겨나면 거대한 비즈니스도 뒤따르기 마련이다. 연고, 수술, 도넛 모양 치질 방석 등 이러한 질환의 치료를 위한 시장의 규모는 수십억 달러에 달한다. 이러한 증상의 주요한 원인은 식단이라는 의견이 널리 받아들여지고 있으며 우선은 식이섬유를 섭취하는 것이 좋겠지만, 최근에는 배변 자세의 영향에 관심이 집중되고 있다. 저명한 메이요 클리닉(Mayo Clinic)에서는 현재 스쿼티포티가 만성 변비를 완화시킬 수 있는지 확인하기 위해 무작위 대조시험(RCT)을 진행하고 있다. 참고로 미국에서 변비로 고생하는 사람들은 약 5000만 명인데, 그중 대부분은 여성이며 상당수는 45세 이상이다.

사람들은 배변 활동에 대해 이야기하는 걸 터부시하는 경향이 있지만, 최근에는 그것이 약간의 문화적 페티시처럼 보이기도 한다. 세 살짜리 아이를 위해 똥 이모티콘으로 생일 파티를 열기도 하고, 자신의 대변 사진을 왓츠앱으로 친구들에게 전송하기도 하며, 여행 정보 사이트인 트립어드바이저(TripAdvisor)에는 쪼그려 싸는 변기를 피하거나 이용하는 방법에 대한 주제가 따로 있을 정도이다. 온라인 공간의 파급력에 힘입어 지난해 화제가 되었던 '조깅하며 똥 싸는 사람'에 대한 뉴스를 찾아볼 수도 있다. 호주의 브리즈번과 미국 콜로라도의 콜로라도 스프링스에서 누군가가 남의 집 잔디밭에 똥을 싸지르고 돌아다니는 엽기적인 사건이 벌어졌던 것이다. 그리고 유튜브에는 구식 변기가 설치된 화장실에 몰래 들어가서 은밀하게 몇 번이고 물을 내리는 영상들만 보여주는 하나의 서브컬처(subculture)가

형성되어 있다. 유명 소설가인 칼 오베 크나우스고르(Karl Ove Knausgaard)는 자신의 배변 활동을 대표작 시리즈인《나의 투쟁(My Struggle)》3권(한국어판으로는《나의 투쟁 4: 유년의 섬》)에서 단계별로 세심하게 설명했다. 심지어는 옷을 다 벗고 배변하는 즐거움에 대한 칼럼들도 찾아볼 수 있다.

그러나 그저 똥에 대해 이야기하는 것만이 아니라 실제로 똥을 누는 방법에 대해서 가장 많이 고민하고 있는 것은 어찌 보면 보잘것없는 스쿼티포티라고 할 수 있다. 유니버시티칼리지런던(UCL) 바틀렛 건축대학(Bartlett School of Architecture)의 건축 인문학 교수이자 현대식 화장실 전문가인 바버라 페너(Barbara Penner)는 이렇게 말했다. "(스쿼티포티는) 신체의 사용법과 신체의 기능에 대한 마지막 베일을 찢어 놓고 있습니다." 그 이유는 어쩌면 이 작고 볼품없는 받침대가 거대한 야망을 품고 있기 때문인지도 모른다. 그것은 지난 2세기 동안 서구에서 정설로 여겨졌던 볼일 보는 방식을 뒤집어엎겠다는 것이다.

유니콘이 등장하는 스쿼티포티의 광고

죽음과 마찬가지로 똥이라는 건 공평무사(公平無私)하다. 최고급
벨루가 캐비아(beluga caviar)도 똥이 되면 통조림 햄과 구분되지
않으며, 귀부인도 강아지와 똑같이 신진대사 활동을 한다. 신의
유일한 아들조차도 이러한 변화를 거치는지도 모른다. 초기 기독교의
한 분파인 스터코라니스트(stercoranist)들은 영성체 의식의 빵과
포도주가 예수의 살과 피로 바뀐 다음에 결국엔 소화되어 똥이 된다는
이중 화체설(double transubstantiation)을 믿었다. 시대나 장소에
따라서 달라이 라마(Dalai Lama)의 대변이나 '건강한' 장내 유익균을
가진 특정한 인물들의 배설물에 치유력이 있다며 추앙받는 경우가
있기도 하지만, 똥 그 자체는 절대적으로 평등하다. 콜레라처럼 대변을
매개로 전염되는 질병은 왕이라고 해서 피해 가지 않으며, 누구나 죽일
수 있다.

인류는 대변이 가진 이러한 민주적인 힘을 오랫동안 부정해
왔고, 그 행위와 과정을 엄격하게 구분했다. 적어도 19세기 이후의
화장실은 인종과 젠더를 억압하는 공간이었다. 그것은 흑인을 차별하던
미국 남부에서부터 트랜스젠더의 권리를 옹호하는 요즘 시대에
이르기까지 마찬가지이다. 카스트 제도로 악명이 높은 힌두교에서는
예전에 '불가촉천민(untouchable)'이라 불렸던 달리트(Dalit)들이
그들보다 계급이 높은 사람들의 대변을 손으로 치워야 했다. 케냐의
삼부루(Samburu) 유목민들은 각자의 모종삽을 사용해서 자신의
대변을 덮는데, 모종삽 손잡이의 구슬 장식을 보면 부족 내에서 그
사람의 지위를 알 수 있다. 미국과 영국의 각 가정에서 단위 면적당
가장 비싼 공간은 화장실인 경우가 많다. 할머니들이 애용하는 고급
식기 브랜드인 웨지우드(Wedgwood)는 역시나 할머니들이 애용하는

고급 변기를 만들기도 했다.

인간의 배변에 관한 역사의 기록은 분리에 대한 일련의 시도로 읽을 수도 있으며, 다음과 같은 질문으로 요약될 수 있다. 우리 신체의 배설물을, 그리고 우리 가정과 도시의 오물을 어떻게 분리해낼 것인가? 우리의 생체 활동으로 인한 소리와 냄새가 다른 사람들의 감각을 거스르지 않게 하려면 어떻게 해야 하는가? 어떻게 하면 권력자들과 억압받는 자들을 (서로 다른 곳에) 분리함으로써 사회적 위계질서를 강제할 수 있을까?

이러한 질문에 대해, 좌식 배수형 화장실이나 수세식 변기는 굉장히 최근에 나타난 것이지만 놀라울 정도로 효과적인 답안이었다. 비록 좌식 변소나 화장실이 적어도 고대 이집트 시대부터 존재하기는 했더라도, 역사의 거의 모든 시기 동안 호모 사피엔스 대다수는 노출된 장소에서 쪼그려 앉은 자세로 볼일을 봤다. 앞선 천 년의 후반부를 거치며 지구의 인구가 증가하고 사람들이 도시에 무리 지어 살면서, 노상에서의 배변 행위는 이질(痢疾)과 같은 전염병의 발병률을 높이는 골칫거리가 되었다. 지금도 현대식 위생 설비를 갖추지 못한 세계의 일부 지역에서 이는 여전히 커다란 문제다.

일반적으로 수세식 변기는 16세기 영국의 어느 귀족이 발명했다고 알려져 있다. 그러나 19세기 중반에 영국의 도예 공방과 철공소들이 산업화되기 전까지만 하더라도 수세식 변기는 부유층의 전유물이었다. 이후 수세식 변기가 북유럽 전역에 퍼져나가면서 위생, 의료, 사교는 물론이고 심지어 심리학 분야에서도 혁명을 이끌었다.

사람들이 점점 더 각자의 가정에 있는 화장실에 가서 은밀하게 볼일을 보기 시작하면서, 배변은 이제 혼자서 처리해야 하는 일이자 거의 입에 담을 수도 없는 저속한 행위가 되었다. 일부에서는 다른 사람의 배변 활동이 원래부터 혐오스러운 것이라는 잘못된 믿음이 존재한다. 그러나 비교적 최근인 16세기에만 하더라도 유럽의 부유층 사이에서 통용되었던 예절 중에는 엉덩이를 닦은 냄새 나는 천을 과시하지 말라는 내용이 있었다. 18세기까지 수백 년 동안 영국의 군주들은 문자 그대로 추밀원(privy council, 직역하면 '변소 위원회') 앞에서 업무를 처리했는데, 그들이 앉은 왕좌는 변기통이 들어있는 상자 위에 천을 덮어놓은 것이었다. 실제로 '사회적 배변(social defecation)'은 여러 시대와 문화권에서 발견된다. 1970년대에 인류학자인 필리프 데스콜라(Philippe Descola)는 아직 문명의 영향을 받지 않은 아마존의 아추아르(Achuar) 부족에 그런 문화가 있다고 기록했다. 중국에서는 (볼일을 보면서 서로 인사를 나눌 수 있을 정도로) 탁 트인 '니하오(你好)' 화장실을 지금도 여러 지역에서 흔하게 볼 수 있다.

수세식 변기가 대중화된 제국주의 시대 후기에는 개인의 사생활을 지켜주는 변기와 화장실이 유럽 문명의 필수 요소로 여겨지기 시작했다. 빅토리아 시대(1837~1901)의 선구적인 위생 기사(sanitary engineer)로서 상하수도 등 배관을 담당했던 조지 제닝스(George Jennings)는 1850년대에 다음과 같은 글을 썼다. "어떤 집단의 문명화 정도는 가정 환경과 위생 설비로 평가할 수 있다." 지금도 서양의 많은 여행자는 미지의 지역에서 타일 바닥에 덩그러니 구멍이 뚫린 걸 처음 마주하면 적지 않은 당혹스러움을 느끼곤 한다.

독일의 건축가인 헤르만 무테지우스(Hermann Muthesius)가 1904년에 다음과 같이 예언했을 정도로 현대의 서구를 바라보는 시각과 수세식 화장실 사이의 연관성은 매우 깊었다. "예술 분야에서 '모더니즘'이라는 유행이 지나가면", 심미적으로 기능적인 세간을 갖춘 (수세식) 화장실이, "우리 시대의 가장 대표적인 양식으로 여겨질 것"이다. 모더니즘 예술의 창시자들 가운데 한 명인 사진작가

에드워드 웨스턴(Edward Weston)도 이러한 주장에 동의했다. 그는 1925년 가을에 자신의 변기를 촬영하며 2주의 시간을 보낸 뒤에 "(수세식 변기의) 볼록함과 매끄러운 곡면, 아름답게 돌출되어 앞으로 향하는 실루엣"은 서양 문명에서 가장 유명하다고 하는 사모트라케의 니케(Winged Victory of Samothrace)에 견줄 수 있을 정도라고 말했다.

그러나 여느 기술적인 해결책들과 마찬가지로, 수세식 화장실은 새로운 문제를 불러일으켰다. 이와 관련하여 캐나다의 한 학자는 배설물의 처리를 위해 물을 사용하는 행위를 두고 "지구가 인간의 편의를 위해 만들어졌다고 여기는 아주 위험한 발상의 중심적 요소"라고 서술했다. 위생 환경이 개선되고 (배설물을) 금기시하는 태도가 더욱 강해지면서, 좌식 변기의 사용으로 유발되는 치질이나 변비와 같은 다양한 '현대적인' 질병들도 폭증했다. 20세기의 한 물리 치료사는 변비를 두고 "백인들의 건강에 있어서 가장 커다란 문제"라고 묘사했다.

앞서 소개한 바버라 페너가 자신의 책《화장실(Bathroom)》에서 설명하는 바에 의하면, 높이를 낮춰서 반쯤 쪼그린 자세를 취하게 만드는 '건강 변기(health closet)'와 같은 제품들이 적어도 1920년대부터 영국에서 출시되기 시작했다고 한다. 20세기 중반 무렵에는 스쿼티포티의 선조에 해당하는 제품이 런던의 해러즈(Harrods) 백화점에서 판매되기도 했다. 미국에서는 1960년대 중반에 코넬대학교의 건축학 교수인 알렉산더 키라(Alexander Kira)가 자신의 기념비적인 저서인《화장실(The Bathroom)》에서 완전히 쪼그려 앉는 변기와 반쯤 쪼그려 앉는 변기의 디자인을 여러 개 제안했다. 이 책에서 그는 좌식 변기에 대해 "이제껏 디자인된 고정 세간들 가운데 가장 부적절하다"라고 말했다. 그럼에도 불구하고 현대의 변기 때문에 생긴 문제들에 대한 해결책은 실질적으로

도약하지 못하고 있었다, 지금까지는.

약 1670~1705년 사이에 제작된 것으로 보이는 '덮개식' 실내 변기통. 햄프턴 코트
궁전(Hampton Court Palace) 소장. ⓒ사진: Royal Collection Trust

쪼그려 앉아야 가능한 것

가장 원초적인 것들이라 하더라도 그것의 생산을 위해 때로는
너무나도 복잡한 과정이 요구되기도 한다. 한 덩어리의 똥이
만들어지기 위해서는 자율 신경계의 교감 신경과 부교감 신경,
근골격계, 세 가지의 부드러운 항문 반사(anal reflex), 두 개의 괄약근이
서로 조화롭게 작용해야 하며, 적절한 시점에 적절한 곳으로 찾아갈 수
있는 문화적인 배경지식도 요구된다. 그래서 독일의 과학자인 기울리아
엔더스(Giulia Enders)는 세계적인 베스트셀러인《내장(Gut)》에서
이러한 과정을 "완벽한 연주"라고 표현했다.

엔더스는 배설물이 우리의 신체를 따라 내려가는 과정을 하나의
풍경처럼 묘사한다. 그 풍경에는 직장(rectum)으로 연결되는 마개
조직인 '휴스턴 밸브(valves of Houston)'와 혈관 다발이 들어있는
'항문 음와(anal crypt)'라는 부위가 있다. 직장에 소화의 산물이 가득

차면, 직장은 척수의 엉치 부위(sacral region)로 연결되는 신경을
통해서 배설이 필요한 것 같다는 신호를 보낸다. 그러면 직장의 안쪽과
바깥쪽에 있는 괄약근들은 우아한 파드되(pas de deux·2인무)를 추기
시작한다. 전자는 내보내라며 압박하고 후자는 적절한 시점이 되기까지
방출을 제한한다.

이윽고 때가 되면 우리는 기도를 막고 숨을 반대로 밀어 넣어서
복부 안쪽의 압력을 높이는 발살바 조작(Valsalva manoeuvre)을
할 수도 있는데, 이는 마치 비행기를 타면 귀가 부풀어 오르는 것과
비슷하다. 골반 아래쪽의 근육이 이완되고, 회음부가 내려가고,
바깥쪽의 괄약근이 열리면 우리가 만들어낸 것이 마침내 세상에
나온다. 포유류가 대변을 내보내기까지는 약 12초가 걸리며, 사람은
초당 1~2센티미터의 속도로 이 작업을 수행한다. 한 연구에 의하면,
엉덩이가 바닥에서 15센티미터 높이까지 내려가도록 바짝 쪼그린
자세에서는 배출이 개시되는 순간부터 비워냈다는 느낌이 들 때까지
평균적으로 1분도 안 걸린다고 한다.

그러나 일반적인 33센티미터나 35센티미터 높이에서부터
'편안한 높이'라고 하는 최대 50센티미터에 이르는 규격을 가진 좌식
변기에 앉아서 이 작업을 수행하려면 두 배 이상의 시간이 소요된다.
당신의 내장이 교도소이며 그곳에서 폭동이 일어났다고 상상해 보라.
그리고 수감자들(당신의 대변)이 출입구로 쇄도하고 있다. 만약 그들의
앞에 느닷없이 모퉁이가 나타난다면, 대열의 움직임이 둔해지고
그곳에서 정체가 발생할 것이다. 반면에 곧게 이어진 복도라면,
그들은 쉽게 출입구까지 도달하여 나갈 수 있을 것이다. 볼일을
보기 위해 자리에 앉으면, 우리는 직장 안에 있는 작은 해먹 모양의
근육인 치골직장근(puborectalis)에 의해 형성된 굽잇길을 배설물이
빠져나갈 수 있도록 힘을 줘야 한다. 서있거나 앉은 자세에서는 바로

이 치골직장근이 내장을 틀어막아서 우리가 자제력을 발휘하는 데 도움을 준다. 반면에 완전히 쪼그려 앉으면 그 매듭이 풀리는데, 그러면 앞서 말했던 굽잇길인 '항문과 직장이 이루는 각도(anorectal angle)'가 열리고 복부 안쪽의 압력이 상승하면서 내용물을 밀어내는데 필요한 힘을 줄여 준다.

이것은 대단히 좋은 자세다. 강제로 똥을 누기 위해 치골직장근 주변에 안간힘을 주면 치질 또는 장염에 걸리거나 기절할 가능성을 높이며, 심지어는 뇌졸중이나 뇌출혈, 심장 마비까지도 일으킬 수 있다. 나폴레옹이 워털루 전투에서 패배한 이유가 혈전성 치핵(thrombosed haemorrhoid)으로 인한 고통 때문에 도저히 전투에 집중할 수 없었기 때문이라는 설도 있다. 엘비스 프레슬리의 갑작스러운 죽음의 원인에 대하여 그의 주치의가 변비 때문에 심장 마비가 왔다고 추정한 것은 유명한 사례이다. 만약 우리의 항문 쪽에 뒤틀린 부위가 있다면, 제때 내장을 빠져나가지 못한 잔변이 남아있을 수도 있다. 이러한 '배설물 정체(faecal stagnation)' 현상은 결장암, 맹장염, 염증성 장 질환 등을 일으키는 것으로 알려져 있다. 평범한 성인 한 명은 1년 동안 136킬로그램 이상의 대변을 만들어내는 것으로 추정된다. 영화배우 존 웨인(John Wayne)이 죽었을 때 그의 내장 안에 한 달 치 분량이 넘는 약 18킬로그램의 대변이 들어 있었다는 설이나 엘비스 프레슬리에게는 약 27킬로그램 정도가 들어 있었다는 설이 있는데, 이는 사실이 아니긴 하지만 그래도 있음 직한 이야기이다.

스쿼티포티도 이처럼 안타까운 상황에서 태어났다. 스쿼티포티의 공동 개발자인 주디 에드워즈(Judy Edwards)는 2016년에 이렇게 시인했다. "저는 평생을 변비에 시달렸습니다." 사실 그녀는 오랫동안 화장실에서 발 받침대를 사용해 왔다. 그녀의 아들인 바비는 이렇게 말했다. "우리는 오랫동안 어머니를 놀렸어요.

휴가를 갈 때도 이 바보 같은 배변 스툴을 갖고 다녔거든요." 하지만 이 받침대는 별다른 효과가 없었다. 그러던 어느 날, 당시 건축업자로 일하고 있던 바비가 디자인 수업을 듣기 시작했는데, 주디가 아들에게 그것을 한 번 봐달라고 부탁했다. "어머니가 저를 화장실로 데려가서 그게 어떻게 작동하는 건지를 보여 줬어요. 어머니가 거기에 앉아서 제게 설명을 해주셨는데, 바로 그 순간에 제 머릿속에 불빛이 켜졌습니다." 바비는 이렇게 말했다.

페인트 통과 전화번호부를 활용해서 그들은 새로운 받침대에 적용할 완벽한 높이와 폭을 결정했다. 그렇게 해서 바비가 만든 견본이 첫 번째 스쿼티포티의 디자인이 되었다. 바비는 다음과 같이 말했다. "재미있었어요. 저는 생각했습니다. 이게 아주 훌륭하다고, 이제 광고 시안을 그릴 수 있겠다고 말이죠." 그리하여 에드워즈 모자는 그들의 차고에서 2010년에 최초의 스쿼티포티 제품을 만들기 시작했다.

그러나 판매량은 저조했다. 이들 가족은 유타의 고지대 사막 마을인 세인트조지 출신인데, 이곳은 8만 명의 주민들 가운데 70퍼센트가 주디와 같은 모르몬교 신자이다. 다시 말해 그들은 일상생활에서 신체의 배출물에 대해 수다를 나누는 사람들이 아니라는 뜻이다. 바비는 자신의 어머니에 대해서 이렇게 말했다. "어머니는 신자이시고, 신앙심이 무척 깊으시며, 일요일마다 교회에 가십니다. 우리가 이걸 만들 당시에는 분위기가 좀 어색했습니다. 어머니를 난처하게 만든 적도 많습니다." (바비는 이 점이 그에게는 그다지 문제가 되지 않았다고 덧붙였다. 그는 17살에 게이로 커밍아웃을 하며 교회를 떠났기 때문이다.) 현지의 한 여성은 주디에게 그녀가 만드는 것에 대해서 부끄러워해야 한다고 말하기도 했다.

사람들이 스쿼티포티를 받아들이는 것을 주저했던 이유는 에드워즈 모자가 지역의 산업 박람회에서 변기 위에 해골을 올려놓고 홍보했기 때문만은 아니었다. 스쿼티포티는 최대한 신경 써서 깔끔하게 디자인했지만(실제로 스쿼티포티의 표준형 제품인 흰색 플라스틱 버전을 무채색 위주의 현대식 화장실에 놓아두면 거의 묻혀서 눈에 띄지 않을 정도이다), 마케팅을 미니멀리즘으로 할 수는 없었다. 그래도 에드워즈 모자가 친구들이나 지인들에게 스쿼티포티를 선물했을 때, 그 받침대를 받아본 사람들은 기분 좋게 놀라곤 했다. 그래서 바비와 주디는 참고 견뎠다. 어쩌면 세인트 조지 마을은 스쿼티포티를 받아들일 준비가 되지 않았을지도 몰랐다. 하지만 그들이 상상했던 것 이상으로 거대한 파도가 몰아치려 하고 있었다.

튀르키예의 에페수스에 있는 고대 로마의 공동 화장실. ⓒ사진: Leonid Serebrennikov

이기적인 배변 생활

우리 시대의 혼란스러운 아이러니 중 하나는, 예전에는 문명화의 과시를 숭배했더라도 이제는 현대적인 습관과 기술에 대한 불신이 만연하다는 것이다. 자동차는 도시를 망쳤고, 사람들을 파편화시켰으며, 대기를 오염시켰다. 플라스틱은 바다를 오염시켰다. 탈취제와 방향제는 우리가 유해 물질에 중독되게 만들었다. 항균

비누는 슈퍼버그의 출현을 초래했다. 의자는 우리를 죽이고 있다. 운동화도 마찬가지이다. 재레드 다이아몬드(Jared Diamond)나 유발 노아 하라리(Yuval Noah Harari)의 말에 따르면 농업 문명의 발달은 어쩌면 이제껏 인류가 저지른 최악의 실수인지도 모른다. 활력과 생기를 얻기 위해서라면 우리는 수천 년 동안 이어져 온 곡물 위주의 식사를 포기하고 구석기의 식단으로 돌아가야 할 것이다.

이제 우리는 변기도 의심스러운 눈으로 보게 되었다. 그래서 스쿼티포티 위에 잠시 올라가 있는 동안 좀 더 자연스러운 상태로 되돌아갈 수 있다는 그들의 말에 솔깃함을 느낀다. 2014년의 인터뷰에서 바비 에드워즈는 이렇게 말했다. "저희는 그저 기초적인 메커니즘을 말하는 것입니다. 수천 년 전에 하던 방식으로 되돌아가자는 것뿐입니다."

그러나 쪼그려 앉아서 볼일을 보는 자세가 선사 시대 선조들의 습관임에도 불구하고, 스쿼티포티의 인기가 소셜미디어를 통해 확산되고 있다는 건 놀라운 일이 아니다. 더욱 청결하고, 친환경적이고, 유기농이고, 원시에 가깝고, 인간이 진화한 방식에 더욱 적합한 것으로 여겨지고, 자연에 더욱 가까운 걸 추구하는 라이프스타일은 주로 최첨단 문명 수단을 통해서 널리 유행하게 됐다. 다이어트를 하는 사람들에게는 불만스럽게도, 요즘에는 구석기 스타일의 애피타이저(appetiser)보다도 구석기 식단에 대한 앱(app)이 더 많은 것 같다. 스쿼티포티의 매출이 처음 본격적으로 탄력을 받기 시작한 하나의 계기는 7만 5000명의 팔로워를 거느린 어느 비건 블로거 덕분이었다. 그리고 팔레오 맘(The Paleo Mom), 웰니스 마마(Wellness Mama), 마더 네이처 네트워크(Mother Nature Network)와 같은 영향력 있는 블로그 및 웹사이트에서도 찬사를 받았다.

인스타그램 같은 소셜미디어에서 완벽한 모습을 보여줘야

한다는 부담감이 있는 건 다들 아는 이야기이다. 이곳에서 우리는 아름답고 행복하며, 최고로 #축복받은 삶을 살아간다. 장 청소에 대한 예전의 광풍이나 클린 이팅(clean eating)에 대한 열풍, 명상에 대한 열기와 마찬가지로, 스쿼티포티는 이러한 완벽주의를 우리 신체의 안쪽에까지 전달하는 것으로 보인다. 바버라 페너는 이렇게 말한다. "스쿼티포티는 사람의 인체 그 자체를 복잡한 하수 처리 시스템과 같은 효율적인 배수 메커니즘으로 만들고 있습니다. 여기에는 '우리 스스로를 비워내자'라는 정서가 있습니다." 그리고 어쩌면 우리에게서 '나쁜' 먹을거리, 부주의한 생각, 마지막 한 덩어리의 대변까지 제거하는 것이 우리를 건강하게 해줄 뿐만 아니라 뭔가 순수한 상태에 가까워지는 데 도움이 된다는 의미가 내재된 것 같다.

동시에 소셜미디어는 보다 인간적인 또 다른 효과를 가지고 있다. 1970년대에 코넬대학교의 알렉산더 키라는 미국인들이 가장 기초적인 인체의 기능에 대해 공개적으로 이야기하길 꺼리는 것만큼이나 심리적으로나 문화적으로 쪼그려 앉는 걸 싫어한다고 진단했다. 한 세대가 넘는 시간이 흐른 요즘에는 사람들이 배변에 대해서 허심탄회하게 이야기를 하고 있다. 풉리포트닷컴(poopreport.com)이나 레이트마이푸닷컴(ratemypoo.com)과 같이 대변에 특화된 소셜미디어 사이트에서 일찍이 보여준 바 있다. 이런 사이트들은 전통적인 매체에서 작동하는 문화적인 규범의 틀을 벗어나서 거의 완전히 자유롭게 익명으로 이야기를 할 수 있는 경우가 많다. 또한 요즘 사람들은 배변 운동에 관한 이야기에서 자신의 이름을 기꺼이 공개하기도 하며, 뉴욕타임스의 지면에서는 항문 열창(anal fissure)에 대한 기사도 찾아볼 수 있다.

이러한 거리낌 없는 태도는 스쿼티포티가 사람들에게 어필하는

데 있어서도 중요한 역할을 하고 있다. 치골직장근의 과학적인 원리와 똥 싸는 유니콘, 그다음 버전에서는 용이 금괴를 싼다는 기발한 아이디어를 결합함으로써, 이 회사는 은밀하면서도 부끄러운 것으로 여겨졌던 배변 활동을 거의 보편적으로 공유할 수 있는 즐거움으로 바꾸려 노력하고 있다. 유니콘이 등장하는 광고 영상에서 왕자님은 이렇게 말한다. 이 발판은 "엉덩이에서 똥을 싸는 모든 사람들을 위한 것"이라고 말이다. 사람들은 이 말을 새겨들었다. 해당 광고 영상이 공개되고 나서 세 달 후, 회사는 19만 5000대의 발판을 판매하면서 700만 달러 이상의 매출액을 기록했다.

스쿼티포티의 웹사이트에서는 이 제품의 사용 후기를 보여주는 인스타그램의 피드가 끝없이 이어진다. 현재 그들이 판매하는 제품에는 23센티미터 버전, 대나무 버전, 하마처럼 생긴 아이들 버전, 블랙, 그레이, 핑크 버전이 있고, 배변 활동과 연관된 다른 제품들도 여럿 찾아볼 수 있다. 예를 들자면, 평범한 화장지를 물티슈로 만들어서 물에 흘려보낼 수 있는 위치하젤 추출 폼이나, 똥 이모지 형태의 뚫어뻥도 있다. 현재 스쿼티포티의 신제품은 '나 오늘 똥 쌌어!'라는 문구가 적힌 배지와 함께 배송된다.

그러나 은밀한 행위를 밖으로 드러내는 갑작스러운 열풍은 더욱 심오한 진실을 가리고 있다. 배변 활동과 똥이 완전히 공공화되는 걸 결코 멈춘 적이 없다는 사실을 말이다. 화장실의 닫힌 문 뒤에는 언제나 배관, 관련 법률, 노동력 등 인간의 배설물을 처리하기 위한 공공의 노력이 숨어 있었다. 그리고 또한 그 이면에는 배설물에서 절대 무시할 수 없는 두 가지의 전제 조건이 있다. 바로 우리의 신체와 지구라는 행성이다.

1899년에 선보인 받침 물탱크(pedestal) 변기 광고. ⓒ사진: Science History Images

배설이라는 세계

흔히들 '자연스러움'과 '건강함'과 '좋은 것'을 동일시하는 경향이 있는데, 이는 잘못된 생각이다. 우리는 우리가 좋다고 생각하는 것이 건강하거나(아침에 마시는 커피 한 잔이나, 밤에 마시는 레드와인 등), 자연스러운 것(어떤 이들에게는 다자간 연애를 뜻하는 폴리아모리(polyamory)가, 또 어떤 이들에게는 종교가 그렇다)이라고 판단하는 경우가 많다. 그러나 그 전후 관계를 바꾸는 것을 좋아하기도 한다. 자연스러움의 의미가 무엇이든 간에, 우리가 무언가를 자연스럽다고 믿으면, 그것이 건강하며 좋은 것이라고 추정하는 경우가 많은 것처럼 말이다. 동굴에 살았던 인류의 선조들은 본연의 지혜로운 상태로 지냈을 텐데, 그들이 과연 도토리나 훈제 매머드만을 먹었을까? 나는 견과류 버터와 풀을 먹여 키운 스테이크를 먹는데!

쪼그려 앉는 게 자연스러울 수도 있지만, 의문점은 여전히 남는다. (자연스럽다고 말하는) 스쿼티포티도 과연 좋은 것일까? 다윈 이후로 우리는 인류가 불과 수백 년이나 수천 년의 시간 동안 창의력을 발휘한다고 해서 태고 시절부터 서서히 이어져 온 진화의 과정을 단축시킬 수 있을 거라는 생각을 더 이상 하지 않게 되었다. 역사에 의해 수세식 화장실의 정당성이 입증되었다고 생각하는 사람들은 좌식 변기와 맞물려 있는 현대의 하수 처리 시스템이 실제로는 얼마나 불안정한지, 그리고 어떤 면에서는 비합리적인지를 무시하고 있다. 이는 지금도 수십억 명의 사람들이 현대적이고 위생적이지만 쪼그려 앉는 변기에서 볼일을 보고 있다는 사실에 의해서 뒷받침된다.

그렇기 때문에 스쿼티포티가 우리를 일종의 똥 싸기 낙원으로 되돌려 보내줄 수도 있다는 주장은 그럴듯해 보인다. 그러나 발판을 대상으로 수행한 몇몇 연구들만으로는 그 근거가 미약하다. 관련된 세 건의 연구에서는, 비록 제대로 통제되지 않았거나 표본의 규모가 매우 작긴 했지만, 쪼그려 앉아서 볼일을 보는 게 배변의 수월함과 배출량에 긍정적인 효과를 미쳤다는 증거가 있었다. 그러나 발판을 활용하여 쪼그려 앉는 자세를 모방했을 때의 결과는 확실치 않았다. 반쯤 쪼그려 앉는 자세는 항문과 직장이 이루는 각도를 넓게 벌리거나 배출을 위해 필요한 노력의 양을 줄여주지 않는 것으로 보였다. 하지만 이런 연구들도 과학적인 사실에 접근하고 무언가를 입증할 수 있을 만큼 완전히 엄밀하게 수행된 것은 아니었다.

하지만 그렇다고 해서 프랑스의 고속도로나 영국 로치데일의 익스체인지(Exchange) 쇼핑몰에 여전히 남아 있는 쪼그려 싸는 변기를 굳이 찾아가야 한다는 의미는 아니다. 《데일리 메일(Daily Mail)》은 로치데일 익스체인지 쇼핑몰의 화장실에 대해서 충격적이라며 보도한 적 있다. 메이요 클리닉에서 스쿼티포티의 무작위 대조시험(RCT)을 이끌고 있는 아딜 바루차(Adil Bharucha) 박사는 이 연구를 통해 스쿼티포티 사용의 효과 여부와 작동 원리에 대해서 더욱 확실한 결론을 내릴 수 있기를 바라고 있다.

물론 이 제품이 많은 사람들의 변비와 치질을 줄여 준다고 해서, 스쿼티포티가 자연스럽다는 걸 의미하지는 않는다. 오히려 이 발판은 우리가 다시 예전으로 '돌아가는 것'이 실질적으로 불가능하다는 점을 보여주고 있다. "우리는 이런 (현대의) 시스템과 사용 패턴에 묶여 있습니다." 바버라 페너의 말이다. "그렇지만 스쿼티포티는 그러한 시스템에 개입해서 그 시스템을 대대적으로 개조할 필요 없이 그것을 변형하고 있습니다." 레딧의 어느 사용자는 대신 26센티미터 높이의 하이힐을 신고 볼일 보는 것을 제안하기도 했다. 또한 스쿼티포티는 유쾌하면서도 단순한 기술이다. 엉덩이를 따뜻하게 해주는 열선이 있거나 변기에 와이파이가 연결되어 있어서 소변의 상태를 분석할 수 있는 (그리고 누구든 그 데이터에 접근할 수 있는) 최첨단 변기에 비하면 더욱 그렇다.

철학자인 슬라보예 지젝(Slavoj Žižek)은 독일과 프랑스, 영국의 변기 디자인을 보면, 이들 유럽의 주요 문화권들 사이에서 기본적인 이데올로기의 차이를 구분할 수 있다고 말한다. 독일의 변기는 '펼쳐서 보여주는' 방식으로 배설물이 넓적한 돌출 바닥에 내려앉게 해서 그것이 쏠려 내려가기 전에 확인할 수 있게 해놓았는데, 이는 보수성과 사색적인 특성이 결합된 것으로 보인다. 프랑스의 변기는 배설물을 최대한 신속하게 제거하려는 목적으로 설계되었으며, 이는 프랑스 사람들의 급한 성미를 드러내고 있다. 영국의 변기에는 그 중간쯤의 실용성이 반영되어 있는데, 지젝은 이를 이렇게 설명한다. "변기의 아래쪽에 물이 가득 차 있기 때문에, 대변이 그 위에 떠서 눈에 보이긴 하지만 자세히 관찰할 수는 없다."

만약 스쿼티포티도 어떤 세계관을 표출하고 있다면, 그것은 거의 복음주의적일지도 모른다. 즉, 우리 스스로를 정화하고 완벽하게 하며, 이 세계의 혼돈으로부터 구원받고자 하는 열망인 것이다. 바버라 페너는 스쿼티포티와 관련한 판타지들 가운데에는 그것이 우리의 신체에서 대변을 완전히 분리해낼 수 있을 거라는 믿음이 존재한다고 지적한다. 현대의 하수 처리 시스템이 일상생활에서 배설물을 완전히 없애버리는 것처럼 말이다. 한편, 바비 에드워즈가 바랐던 것은 성공적인 사업을 일으키고 사람들을 도와주는 것이었다고 한다.

이와 같은 배변에 대한 열정은 우리가 배출한 다양한 배설물들이 다시 사방에서 우리를 억누르고 있는 현시대에 대한 어떤 불안감이 반영된 것이라고 해석할 수도 있다. 우리는 이제 배설물을 그냥 흘려보낸 후에 그것과 '떨어져' 있을 수 없다는 사실을 깨닫고 있다. 그것은 바다 거품 속의 대장균이든, 북아메리카에서 가장 높은 디날리(Denali) 산의 경사면과 가장 거친 봉우리들에 등반객들이 남기고 오는 수십 톤에 달하는 인간의 배설물이든, 언제나 어떤 형태로든 우리에게 되돌아오고 있다. 우리의 몸과 우리가 사는 세상으로부터 대변을 완전히 없애버린다는 건 불가능한 생각이다.

그런데 스쿼티포티는 좀 더 세속적인 유형의 정념도 표현하고 있다. 앞서 소개한 과학자 줄리아 엔더스는 우리의 항문 괄약근이 "인간이라는 존재에 대한 가장 기본적인 질문들과 연관되어 있다"라고 썼다. 그것은 바로 우리의 내부와 외부 세계 사이의 경계를 어떻게 대하느냐 하는 것이다. 누군가는 여기에 영적인 세계를 추가할 수도 있다. 완전한 배변이 주는 단순한 쾌락은 우리의 신체가 우리 영혼의 궁극적인 보금자리라는 사실을 다시 한번 일깨워준다. 맨 처음에 소개한 배우 브라이언 크랜스턴처럼, 우리 모두는 완전히 비워냈을 때의 황홀감과 쾌변한 이후에 느껴지는 자기애를 원한다. ❶

시끌북적 사무실

(1)김혜림 에디터 : 올해 매미는 언제 처음 울까요?

(2)권대현 커뮤니티 매니저 : 출근길에 다양한 패션 보는 재미가 있는 요즘이네요.

(3)홍성주 커뮤니티 매니저 : 통의동 출근길 너무 좋다!

(4)신아람 CCO : 스레드를 가방에 넣고 산책 나갈까요?

(5)김지연 리드 디자이너 : 아~ 초콜릿 많이 먹고 싶다~

(6)백승민 에디터 : 복잡한 시내를 걷는 게 좋아요. 봄이면 더더욱!

(7)이다혜 에디터 : 5월엔 꾸준히 운동하는 습관을 기르고 싶어요.

(8)정원진 에디터 : "매일 20분 산책, 수명 7년 연장 효과"

(9)김민형 오퍼레이팅 매니저 : 5월은 따뜻한 한 달이 됐으면 좋겠어요~

(10)이현구 선임 에디터 : 마음 챙김을 해보려고 해요. 늘 마음이 뒷전이었어요.

(11)권순문 디자이너 : 텀블러에 와인 담아 피크닉 가요~

(12)구성우 커뮤니티 매니저 : 혼자 하면 방황이지만 함께하면 모험이다.

(13)이연대 CEO : 생존이 목표면 표류지만 보물섬을 찾아가면 모험이다.

환경을 생각한 거죠?

저 내일도 옷 안 갈아입고 오려고요
야근하니까 옷에 신경쓰기 피곤해요.

자주 안 갈아입는 게 환경에도 좋대요.
너무 신경쓰지 마세요.

냄새 안나요

해사~

-다음날-

저 그냥 갈아입었어요
대박 찝찝하더라고요~

뭐예요!!!!!!! 배신자!!!!!!!!
안 씻기로 한 거 아니었어요?!

콰앙!

안 씻기로 한 건 아니긴 했는데요

언롤서피스

요즘은 소재를 먼저 보는
습관이 생긴 혜림님

환경을
생각해!

흐~

음

처음 보는 디자인의 텀블러인데,
어떤 소재로 만들어진 거지?

튼!

튼!

플라스틱이 전혀 사용되지 않고,
자연소재로 만들어진 텀블러?!

여기가 바로 자연!!
Unroll Surface

무료로 가든 앞길을 만들어드립니다. 신청하기 → thread@bookjournalism.com

THREAD

너! 동료가 되어라!

단체 구독

개인 구독

읽으면 똑똑해지는 종이 뉴스 잡지를 동료와 함께 읽어 보세요.
기업, 학교, 팀 단위로 단체 구매를 하면 최대 67% 할인 혜택을 드려요.